今日は何の日？
まるこの日めくり仏教小咄

露の団姫

春秋社

今日は何の日？
まるこの日めくり仏教小咄

目次

一月

一日【お正月】……四
二日【初夢の日】
三日【ひとみの日】
四日【石の日】
五日【囲碁の日】
六日【まくらの日】
七日【七草の日】
八日【勝負事の日】
九日【とんちの日】
十日【十日えびす】
十一日【塩の日】
十二日【いいねの日（エールを送る日）】
十三日【他の誰かのせいにする日】
十四日【大谷探検隊が「霊鷲山」を発見した日】
十五日【手洗いの日】
十六日【禁酒の日】
十七日【防災とボランティアの日】
十八日【観音様のご縁日】
十九日【のど自慢の日】
二十日【インクルーシブを考える日】
二十一日【国際ハグの日】
二十二日【禁煙の日】
二十三日【一無、二少、三多の日】
二十四日【全国学校給食週間】
二十五日【一室入魂の日】
二十六日【文化財防火デー】
二十七日【国旗制定記念日】
二十八日【衣類乾燥機の日】
二十九日【人口調査記念日】
三十日【みその日】
三十一日【愛菜の日】

二月

一日【あずきの日】……三六
二日【夫婦の日】
三日【節分】
四日【西の日】
五日【ニゴロブナの日】
六日【お風呂の日】
七日【オリンピックメモリアルデー】

八日【針供養の日】
九日【服の日】
十日【布団の日】
十一日【初午いなりの日】
十二日【ペニシリンの日】
十三日【虚空蔵菩薩様のご縁日】
十四日【バレンタインデー】
十五日【人間国宝が誕生した日】
十六日【似合う色の日】
十七日【国家のランダムな親切の日】
十八日【安眠の日】
十九日【万国郵便連合加盟記念日】
二十日【普通選挙の日】
二十一日【国際母語デー】
二十二日【猫の日】
二十三日【税理士記念日】
二十四日【月光仮面登場の日】
二十五日【深良用水（箱根用水）完成の日】
二十六日【包む（ラッピング）の日】
二十七日【仏壇の日】
二十八日【バカヤローの日】
二十九日【にんにくの日】

三月

一日【豚の日】……六六
二日【ミニの日】
三日【耳の日】
四日【円の日】
五日【産後ママスマイルデー】
六日【弟の日】
七日【さかなの日】
八日【国際女性デー】
九日【脈の日】
十日【農山漁村女性の日】
十一日【パンダ発見の日】
十二日【サイフの日】
十三日【お父さんの日】
十四日【円周率の日】
十五日【眉の日】
十六日【ミドルの日】

十七日【みんなで考えるSDGsの日】
十八日【防犯の日】
十九日【カメラ開発記念日】
二十日【国際幸福デー】
二十一日【春のお彼岸】
二十二日【感動接客の日】
二十三日【勢至菩薩様のご縁日】
二十四日【壇ノ浦の戦いの日】
二十五日【笑顔表情筋の日】
二十六日【食品サンプルの日】
二十七日【祈りの日】
二十八日【シルクロードの日】
二十九日【八百屋お七の日】
三十日【マフィアの日】
三十一日【オーケストラの日】

四月

一日【エイプリルフール】……九八
二日【イースター】
三日【いんげん豆の日】
四日【どらやきの日】
五日【ヘアカットの日】
六日【城の日】
七日【愛馬の日】
八日【花まつり】
九日【大仏開眼供養の日】
十日【良い戸の日】
十一日【ガッツポーズの日】
十二日【タイルの日】
十三日【喫茶の日】
十四日【柔道整復の日】
十五日【良い遺言の日】
十六日【エスプレッソの日】
十七日【なすび記念日】
十八日【お香の日】
十九日【食育の日】
二十日【「聴く」の日】
二十一日【漬物の日】
二十二日【ダイヤモンド原石の日】
二十三日【シジミの日】

二十四日【植物学の日】
二十五日【歩道橋の日】
二十六日【チェルノブイリデー】
二十七日【ロープデー】
二十八日【四つ葉の日】
二十九日【国際ダンスデー】
三十日【そばの日】

五月

一日【コインの日】……一三〇
二日【緑茶の日】
三日【そうじの日】
四日【ノストラダムスの大予言の日】
五日【薬の日】
六日【迷路の日】
七日【博士の日】
八日【松の日】
九日【呼吸の日】
十日【五十音図・あいうえおの日】
十一日【ご当地キャラの日】
十二日【民生委員・児童委員の日】
十三日【メイストーム・デー】
十四日【ひよこの日】
十五日【商人の祝日】
十六日【旅の日】
十七日【千手観音様のご縁日】
十八日【ことばの日】
十九日【いいきゅうりの日】
二十日【森林《もり》の日】
二十一日【ニキビの日】
二十二日【うなぎの未来を考える日】
二十三日【世界カメの日】
二十四日【伊達巻の日】
二十五日【有無《ありなし》の日】
二十六日【東名高速道路全通記念日】
二十七日【背骨の日】
二十八日【花火の日】
二十九日【こんにゃくの日】
三十日【ごみゼロの日】
三十一日【古材の日】

六月

一日【牛乳の日】……一六二
二日【甘露煮の日】
三日【みたらし団子の日】
四日【虫歯予防デー】
五日【落語の日・寄席の日】
六日【羊の日】
七日【緑内障を考える日】
八日【果物の日】
九日【ロックの日】
十日【時の記念日】
十一日【傘の日】
十二日【バザー記念日】
十三日【いいみょうがの日】
十四日【ジューンブライド】
十五日【生姜の日】
十六日【和菓子の日】
十七日【父の日】
十八日【おにぎりの日】
十九日【元号の日】
二十日【国際日系デー】
二十一日【仕事も遊びも一生懸命の日】
二十二日【かにの日】
二十三日【国連パブリック・サービス・デー】
二十四日【加藤清正の忌日】
二十五日【指定自動車教習所の日】
二十六日【雷記念日】
二十七日【奇跡の人の日】
二十八日【パフェの日】
二十九日【筋肉を考える日】
三十日【夏越の祓】

七月

一日【更生保護の日】……一九四
二日【全国なまずサミット・なまずの日】
三日【通天閣の日】
四日【滝修行の日】
五日【江戸切子の日】
六日【洗車雨】
七日【カルピスの日】
八日【七転八起の日】

九日【泣く日】
十日【Stop！迷惑メールの日】
十一日【真珠記念日】
十二日【マララデー】
十三日【盆迎え火】
十四日【しんぶん配達の日】
十五日【お中元】
十六日【虹の日】
十七日【世界絵文字デー】
十八日【ホタテの日】
十九日【二千円札の発行が始まった日】
二十日【月面着陸の日】
二十一日【日本三景の日】
二十二日【ザビエルが上陸した日】
二十三日【米騒動の日】
二十四日【河童忌】
二十五日【天神祭りの日】
二十六日【幽霊の日】
二十七日【スイカの日】
二十八日【地名の日】
二十九日【七福神の日】
三十日【梅干の日】
三十一日【ビーチの日】

八月

一日【水の日】……二二六
二日【ハニーの日】
三日【学制公布】
四日【比叡山宗教サミットの日】
五日【ハハとコドモの日】
六日【ハムの日】
七日【鼻の日】
八日【雪舟の忌日】
九日【かばんの日】
十日【手（ハンド）の日】
十一日【山の日】
十二日【世界象の日】
十三日【左利きの日】
十四日【水泳の日】
十五日【終戦の日】

十六日【道路ふれあい月間】
十七日【地域と共に成長の日】
十八日【高校野球記念日】
十九日【俳句記念日】
二十日【蚊の日】
二十一日【献血の日】
二十二日【金シャチの日】
二十三日【油の日】
二十四日【瀧廉太郎の誕生日】
二十五日【パラスポーツの日】
二十六日【人権宣言記念日】
二十七日【マザー・テレサの洗礼日】
二十八日【汗の日】
二十九日【おかねを学ぶ日】
三十日【日本ジャグリング協会が設立された日】
三十一日【方広寺鐘銘事件】

九月

一日【だじゃれの日】……二五八
二日【宝くじの日】
三日【元三大師様の誕生日】
四日【供養の日】
五日【ブリューゲルの命日】
六日【カラスの日】
七日【絶滅危惧種の日】
八日【休養の日】
九日【救急の日】
十日【イカの日】
十一日【警察相談の日】
十二日【比叡山焼き討ちの日】
十三日【世界法の日】
十四日【食いしん坊の日】
十五日【老人の日】
十六日【マッチの日】
十七日【世界患者安全の日】
十八日【チーズバーガーの日】
十九日【苗字の日】
二十日【相続・贈与の日】
二十一日【土俵の四柱が廃止された日】
二十二日【世界サイの日】

二十三日【手話言語の国際デー】
二十四日【海藻サラダの日】
二十五日【骨董の日】
二十六日【台風襲来の日】
二十七日【世界観光の日】
二十八日【くつやの日】
二十九日【招き猫の日】
三十日【両親の日】

十月

一日【印章の日】
二日【国際非暴力デー】
三日【土佐の日】
四日【日本刀の日】
五日【教師の日】
六日【石油の日】
七日【盗難防止の日】
八日【頭髪記念日】
九日【道具の日】
十日【転倒予防の日】
十一日【ハンドケアの日】
十二日【パンの日】
十三日【引っ越しの日】
十四日【鉄道の日】
十五日【きのこの日】
十六日【辞書の日】
十七日【天社禁止令の日】
十八日【米食の日】
十九日【伊勢の神棚の日】
二十日【老舗の日】
二十一日【あかりの日】
二十二日【あんこうの日】
二十三日【不眠の日】
二十四日【天女の日】
二十五日【島原の乱の日】
二十六日【弾性ストッキングの日】
二十七日【文字・活字文化の日】
二十八日【にわとりの日】
二十九日【獣肉（ジビエ）の日】
三十日【リラクゼーションの日】

三十一日【天才の日】

十一月

一日【紅茶の日】……三二二
二日【習字の日・書道の日】
三日【高野豆腐の日】
四日【ツタンカーメン王の墓が発掘された日】
五日【ごまの日】
六日【アパート記念日】
七日【知恵の日】
八日【信楽たぬきの日】
九日【くじらの日】
十日【トイレの日】
十一日【おそろいの日】
十二日【留学の日】
十三日【あいさつの日】
十四日【パチンコの日】
十五日【七五三】
十六日【自然薯の日】
十七日【家族の日】
十八日【いい家の日】
十九日【一茶忌】
二十日【世界子どもの日】
二十一日【インターネット記念日】
二十二日【大工さんの日】
二十三日【珍味の日】
二十四日【アースナイトデー】
二十五日【犯罪被害者週間】
二十六日【いいチームの日】
二十七日【ノーベル賞制定記念日】
二十八日【いい唾液の日】
二十九日【いい文具の日】
三十日【鏡の日】

十二月

一日【鉄の記念日】……三五四
二日【古都奈良の文化財が世界遺産に登録された日】
三日【奇術の日】
四日【銀行の国際デー】
五日【ノー・レジ袋の日】

六日【音の日】
七日【神戸港開港記念日】
八日【成道会】
九日【国際腐敗防止デー】
十日【こんぴらさんのご縁日】
十一日【百円玉記念日】
十二日【杖の日】
十三日【双子の日】
十四日【討ち入りの日】
十五日【いちごの日】
十六日【フリーランスの日】
十七日【飛行機の日】
十八日【二輪・自転車安全日】
十九日【まつ育の日】
二十日【ブリの日】
二十一日【冬至】
二十二日【視聴率の日】
二十三日【東京タワー完工の日】
二十四日【日本劇場が開場した日】
二十五日【クリスマス】
二十六日【徳川家康の誕生日】
二十七日【寒天発祥の日】
二十八日【身体検査の日】
二十九日【福の日】
三十日【蓬莱橋がギネスに認定された日】
三十一日【大晦日】

あとがき……三八五

今日は何の日？
まるこの日めくり仏教小咄

一月

一月一日【お正月】

一月は、親類などが集まって仲睦まじく過ごす月であることから「睦月」といいます。また、英語の「January」はローマ神話の「戸口の神」ヤヌス（Janus）に由来します。

お正月といえば「お年玉」。これは、沢山の幸福を授けてくださるという「歳神様」に由来する文化です。歳神様へのお供え物は、古来、丸いお餅とされてきました。お供えされたお餅には歳神様の生命が宿るため、お下がりでお餅をいただくと、歳神様の「魂」を分けていただけることから、「御歳魂」＝「お年玉」となったのです。

しかし、お正月はめでたいだけではありません。かの有名な禅僧・一休さんは、【門松は　冥途の旅の　一里塚　めでたくもあり　めでたくもなし】と詠み、正月だからといって浮かれている場合ではない、人間はいつか必ず死ぬものだと、「無常」を説いたといいます。もともと仏教では、お正月はお盆と同じように先祖供養の意味合いがありました。だからこそ、お正月は自分の命の在り方を改めて考える日にしてみると良いかもしれません。

「新年」の一日目は、自分の「信念」を見つめ直すのにピッタリの一日ですヨ☆

一月二日【初夢の日】

特に縁起の良い初夢は「一富士、二鷹、三茄子」といわれ、「七福神の宝船」が描かれた紙を枕の下に入れると良い初夢を見られると伝えられています。

一月二日の夜から三日の朝にかけて見る「初夢」。昔から、初夢によってその年の吉凶を占う風習がありますが、「夢」で未来を占うのは日本だけではありません。

実は、お釈迦様の母親であるマーヤーさんは、お釈迦様を身ごもるとき、「六本の牙を持つ白い象」が体の中へ入る、大変縁起の良い夢を見たと伝えられています。

インドでは、象はそもそも神聖な生き物とされてきましたが、「六」という牙の数は、仏教の修行方法である六波羅蜜（布施・持戒・忍辱・精進・禅定・智慧）を表し、「白」の体は「何にも染まっていない神聖な色」を意味しています。つまり、マーヤーさんの夢は、これから世界を救う素晴らしい聖人が誕生するという、大吉夢だったのです。

それではここで、謎かけをひとつ。

「縁起の良い夢」とかけて、「風船」ととく、そのこころは、どちらも「期待（気体）が膨らむ」でしょう♪

一月三日【ひとみの日】

仏教には「布施」という修行があります。布施というと、法要や葬儀の際、僧侶に渡すお金と思いがちですが、本来は僧侶に「布」を「施す」ことをいいます。

『雑宝蔵経』というお経に、「無財の七施」という教えがあります。これは、お金や物が無くても、自分の心や体で出来る七つの布施のことです。そのひとつである「眼施」は「優しい眼差しで人に接する」行いをいいます。

昔から、「目は口ほどに物をいう」といいますが、人間は、眼差しだけで相手に思いを伝えることができる生き物です。世界中の人がマスク生活を強いられたコロナ禍では、当初、マスクを着用したうえでも、大声での発声や長時間の会話が憚られる日々でした。それでも、眼だけでも優しい気持ちを伝えようとした人が沢山いたのです。

コロナ禍では「マスク美人」なる言葉もできましたが、これはきっと、優しい瞳から溢れた美しさなのだと思います。お経では、無財の七施を行う人は「大いなる果報を獲る」と説かれています。マスク生活でも眼施《まなざし》を施し、施された人は、「目（eye）」なだけに、人間の持つ大きな「愛」を知ったことでしょう☆

一月四日【石の日】

古来、「石」は神様の寄り付く場所とされてきました。この日は、お地蔵様や狛犬、墓石などに触れたり、お参りをしたりすると願いが叶うといわれています。

「石の上にも三年」――これは、「何事も辛抱強く努力をすれば、良い結果が得られる、報われる」という意味のことわざです。

その由来は諸説ありますが、一説には、古代インドにおいて八十歳で出家をしたバシリバ尊者という僧侶が、三年間、横になって休むことなく石の上で坐禅を組み続けた結果、悟りを開いたからだといわれています。

また、「石」については、「大きな石を虎と見間違えて勢いよく矢を射ったところ、立つはずのない矢が石に突き刺さった」という故事に由来する「石に立つ矢」ということわざがあります。これは、「強い気持ちでものごとに取り組めば、できないことはない」という意味です。

いずれにしても、「石」にまつわることわざの多くは、人間の強い「意志」が込められていることが分かりました。

「石」なだけに、「ストーン」と腑に落ちますネ♪

一月五日【囲碁の日】

囲碁や将棋の「盤」のことを「局」といいます。「局」を挟み「対面」して勝負することから、「対局」と呼ばれるようになりました。

今から約四千年前、中国で誕生したとされる「囲碁」。今では子どもからお年寄りまで幅広い世代に親しまれる遊びですが、実は、私たち落語家が憧れる「名人」という言葉も囲碁に由来するものだといわれています。

というのも、囲碁の家元のひとつ、本因坊家の第一世家元は本因坊算砂（法名・日海）という僧侶でしたが、算砂は織田信長に囲碁の指南役として仕えていたとき、信長から「そちはまことの名人なり」と称讃されました。そこから、「名人」がはじまったのです。

また、囲碁の世界では、対局の記録用紙を「棋譜」と呼びますが、これはもしかすると、皆様のご浄財によりお寺を守る僧侶であった算砂が「囲碁もお寺も、どちらも『棋譜（寄付）』が大事でしょう」というメッセージを皆様に伝えたかったのかもしれません。

え？　勝手にそんなことをいってはいけないって？　すみません、「以後（囲碁）」、気を付けます！

一月六日【まくらの日】

「まくらの日」は、枕を英語でピローと呼ぶことから、一をピンの「ピ」、六を「ロー」と読ませて「ピローの日」＝「まくらの日」と制定された記念日です。

仏教では「枕」といえば、「北枕」です。

「新年早々、縁起が悪い！」と思う方もおられるかも知れませんが、北枕は決してお先マックラ（！）な縁起の悪い話ではありません。実はとても「健康的な寝方」なのです。

というのも、お釈迦様は八十歳で涅槃に入られましたが、その直前、体調がすぐれなかった場面では「北」に頭を置き、「南」に足を向けることで、自然の力を借りた「頭寒足熱」を試みられたのです。

結果的に、お釈迦様は「頭寒足熱」スタイルのまま涅槃に入られたため、「北枕」＝「死」というイメージになってしまいましたが、本来は健康に良い寝姿なので、私たちは北枕を忌避する必要はありません。

ちなみに落語では、本題に入る前に小咄をしますが、この小咄部分を業界用語で「マクラ」といいます。そのこころは……？

「噺《はなし》の頭に置く」ので、「マクラ」というのだそうですよ☆

一月七日【七草の日】

「七草爪」といい、新年ではじめて爪を切る「爪切りの日」でもあります。七草のゆで汁に爪をつけ柔らかくしてから切ると、その年は病気にかからないといわれています。

「七草の日」でお馴染みの「人日《じんじつ》の節句」。この日は朝に「春の七草」と呼ばれるセリ、ナズナ、ゴギョウ、ハコベラ、ホトケノザ、スズナ、スズシロの七種の野草を入れたお粥を食べると、無病息災の御利益をいただけるといわれています。

また、曹洞宗の宗祖・道元禅師は『典座教訓』や『赴粥飯法』など、食に関する多くの教えを著され、禅の世界では、お粥には十の功徳があると説かれています。

これは、「粥有十利」と呼ばれるもので、「顔色を良くする」、「気力が増す」、「寿命が延びる」、「食べ過ぎることがないため、体に負担が少ない」、「頭が冴えて話し方が爽やかになる」、「胃もたれ、胸やけをしない」、「風邪をひかない」、「飢えを満たす」、「喉の渇きを潤す」、「便通が良くなる」というものです。

年が明けて一週間。お正月の暴飲暴食で疲れた胃腸には、七草粥の優しさが「かゆ（粥）～いところに手が届く」ということですネ☆

一月八日【勝負事の日】

「イチかバチか」の語呂合わせからはじまった勝負事の日。語源は「丁か半か」の博打用語で、「丁」、「半」、それぞれの漢字の上の部分が「一」と「八」であることに由来します。

あるところに、「玉二つ」という名の弱い力士がいました。ある日のこと、お客さんから「勝ち知らず」であることを叱られた玉二つは、心機一転、四股《しこ》名を改めることにしました。新しい四股《しこ》名《な》は「大安売り」。お客さんからそのこころを問われると……?「はい、これからは気前よく、誰にでも『負けて』あげます」。——落語『大安売り』の一席でした。

競争社会といわれる現代。私たちは生まれた瞬間から「勝ち」「負け」の世界で苦しんでいます。しかし、もともと「勝利」とは仏教用語で、仏様からいただける「勝《すぐ》れた利益《りやく》」のことをいいました。仏様から生かされている私たちは、勝ち負けにこだわらなくても、すでに、その慈悲の中で「勝利」をいただいているのです。

大安売りのようなおおらかな心は、「勝ち」にこだわらなくても、私たちひとりひとりに素晴らしい「価値」があることを教えてくれているのかもしれませんネ☆

一月九日【とんちの日】

一と九は一休さんを連想させることから「とんちの日」となりました。またこの日は「ジャマイカブルーマウンテンコーヒーの日」でもあるので、珈琲で「ひとやすみ」もおススメです♪

「とんち」といえば「一休さん」。

しかし実は、とんちがきいた僧侶は一休さんだけではありません。

その昔、比叡山に恵心僧都源信さんという僧侶がいました。源信さんは極楽往生についてまとめた『往生要集』をしるしたお坊さんでしたが、子どもの頃から「とんち」が効いていたといわれています。

それは、まだ源信さんが子どもの頃、川のほとりで遊んでいたときのことでした。河原の石を「ひとつ、ふたつ」と数えていると、比叡山の僧侶が通りがかり、源信さんに尋ねたのです。「一つから九つまでは必ず『つ』がつくのに、なぜ十には『つ』がつかないのかな？」。すると源信さん。「はい、それは『五つ』のときに『つ』を二つも使っているので、十のときに足りなくなるからです」。

その賢さからスカウトされて出家したといわれる源信さん。比叡山の僧侶も、その才能をホットケ（仏）なかったのですネ☆

一月十日【十日えびす】

「日本三大えびす」に数えられているのは西宮神社（兵庫県）、京都ゑびす神社（京都府）、今宮戎神社（大阪府）の三社です。

「商売繁盛で笹持って来い！」――勢いのある掛け声でお馴染みの「十日えびす」。

主に西日本のえびす神社で行われる「十日えびす」は、毎年一月九日〜十一日の三日間開催され、九日を「宵戎」、十日を「本戎」、十一日を「残り福」といいます。「えべっさん」と親しまれる「えびす様」は、もともとは漁業の神様ですが、商売繁盛の御利益をいただける神様として篤く信仰されてきました。

「十日えびす」では福笹が授与され、一年間、えびす様のご神徳を授かることができます。

また、西宮神社では十日えびすの早朝、開門とともに数千人が本殿へ「走り参り」を行い、「福男」が選ばれます。

ちなみに私にとっての「えべっさん」は「尼崎えびす神社」ですが、こちらの女性宮司さんとはお食事会やお泊り会をする仲です。

でも、僧侶が神社の宮司さんと仲良しなのは不思議だって？　いえいえ、宮司さんなだけに、「寝食（神職）ともにする」でしょう☆

一月十一日【塩の日】

お葬式などで渡される「清めの塩」は神道由来のものであるため、近年では仏式の葬儀では参列者へ清めの塩を渡さない斎場も増えています。

料理の味加減や物事の具合を表す「塩梅《あんばい》」。これは、仏教の声明《しょうみょう》に由来する言葉だといわれています。

声明とは、法要儀式に際し、お経やご真言に旋律抑揚を付けてお唱えする仏教声楽曲ですが、音をつなげてうたい、お唱えするうたい方を「塩梅《えんばい》」といいます。演歌では「あぁ〜あ〜♪」という抑揚が「情」を表しますが、これらの邦楽の源流も「塩梅」にあるといわれています。このようなことから、「ほどよい」や「味の良し悪し」などのことを「塩梅」というようになったのです。

ちなみに、この日が「塩の日」になったのは、一五六九年一月十一日、上杉謙信が交戦中の武田信玄へ塩を送ったことに由来します。この出来事から「敵に塩を送る」ということわざができたそうですが、上杉謙信が敵に塩を送った意図は分かりません。もしかすると、相手が「信玄」なだけに、誰かから塩を送るよう、「進言」があったのかも知れませんネ☆

一月十二日【いいねの日（エールを送る日）】

この記念日はＳＮＳ（ソーシャル・ネットワーキング・サービス）での「い（一）い（一）ね（二）」を活用し、自分や相手にエールを送ることを目的に制定されました。

世界中の人が交流することのできるＳＮＳ。投稿にはコメントのほか、手軽に意思表示ができる「いいね」という機能がありますが、私はこの「いいね」が、人間に大きな利益をもたらすのではないかと考えています。

というのも、マザー・テレサは「愛の反対は憎しみではなく無関心」という言葉を遺されましたが、「いいね」は、支持・共感以外にも、「見てるよ」「読んだよ」「気にかけてるよ」と、相手に小さなエールを送ることができるからです。

人類が平和になるために必要なのは、競争や否定ではなく、互いの良さを認め合うことです。だからこそ、「いいね」を交わせる世の中になれば、素敵な未来になると思います。

ちなみに私は道心寺というお寺を建立するとき、ＳＮＳを通じて建立計画を知った神主さんから、「いいね！」をしていただき、とても励まされたことがありました。私は、これを「ジンジャ・エール」と呼んでいます☆

一月十三日【他の誰かのせいにする日】

「十三」という数字は西洋では不吉な数字といわれています。また、大阪では「十三」といえば地名のことで、「じゅうそう」と読む難読地名として知られています。

一九八二年、アメリカ在住のモエラーさんは目覚ましのアラームをセットし忘れ、その日は最悪な一日になりました。しかし、モエラーさんが気持ちを切り替えられたのは、なにもかも「アラームのせい」にしたからです。その日がたまたま十三日の金曜日であったことから、一年で一番最初の十三日の金曜日が「他の誰かのせいにする日」となりました。

なんとも不思議な記念日ですが、私はこのような記念日も必要だと考えています。

なぜなら、あらゆる宗教では自己を省みることがすすめられており、これはとても重要なことですが、その思考に極端にとらわれると、今度は何でも自分のせいにしてしまう、「自罰的な思考」になりかねないからです。

だからこそ、たまには「他の誰かのせいにするのもアリ?」と考え、息抜きするのも大切です。長い人生、順調な日々ばかりではありません。「息抜き」は、「生き抜く」力になりますよ☆

一月十四日【大谷探検隊が「霊鷲山」を発見した日】

この日は、越冬隊によって南極に置き去りにされた二匹のカラフト犬が十一か月ぶりに生存を確認された日であることから、「愛と希望と勇気の日」にも制定されています。

一九〇三年のこの日、浄土真宗本願寺派第二十二世門主であり、探検家であった大谷光瑞上人率いる中央アジア探検隊「大谷探検隊」が、インド・ビハール州のラージギル郊外でお釈迦様がお説法をされたと伝わる「霊鷲山」を発見しました。

この発見は後日、インドの考古局の調査によって国際的にも承認されましたが、さすが、「お上人」が発見した霊鷲山なだけに、国際的にも「ショウニン」されたというわけです。

ちなみに私はお釈迦様が霊鷲山で説かれたとされる『法華経』というお経に導かれて出家を志しましたが、はじめてこのお経を読んだとき、「私も霊鷲山でお釈迦様のお説法を聞いている一人だ！」という気持ちになりました。その霊鷲山が実在すると知ったときは本当に驚きましたが、なにより、実際に霊鷲山を発見されたお坊さんたちはさぞかしビックリ仰天……いえ、お経なだけに「ビックリキョーテン（経典）」だったでしょうね☆

一月十五日【手洗いの日】

長らく「成人の日」として親しまれた一月十五日は、和装との関連が深かったことから「半襟の日」ともされており、一年の最初の月に襟を正すことにも通じています。

手の指は五本であることから「五」を「手」と考え、「一（い）一（い）五（手）」という語呂合わせから制定された「手洗いの日」。

「手洗い」はさまざまな病気の予防を期待できる大切な習慣ですが、宗教的には「心を鎮める」という意味を持っています。神社やお寺に「手水舎」があるのもそのためです。

また、日本語には「手を洗う」ならぬ「足を洗う」という言葉がありますが、これは、修行のために裸足や草履で歩いてきた僧侶が、門前で足を洗い、俗世の煩悩を清めたことから、悪い行いをやめて良い道へ入ることを「足を洗う」というようになったのだそうです。

そして、このような意味の「足を洗う」を、英語では「wash my hands（手を洗う）」というそうなので、なんだか不思議ですね。

清潔な手洗いのポイントは、石鹸をよく泡立て、二〜三十秒、時間をかけてしっかりと洗い流すことです。

アワてずに、アワを立てて洗いましょう☆

一月十六日【禁酒の日】

一九二〇年のこの日、アメリカで「禁酒法」が施行されたことから、日本で作られた記念日です。その後、「禁酒法」は密造酒が横行したため一九三三年に廃止されました。

仏教には「五戒」と呼ばれる、五つの「戒」があります。これは「不殺生（殺さない）」、「不偸盗（盗まない）」、「不邪淫（男女の道を外さない）」、「不妄語（嘘をつかない）」、「不飲酒（お酒を飲まない）」というものです。

どれも当たり前のことばかりですが、なかでも、「不飲酒」が最後の項目に挙げられているのは、人間は、お酒に酔うと先の四つの戒を犯しやすくなるからだといわれています。

完全な禁酒は難しくても、この日を休肝日にしてみたり、日頃の飲酒について考える日にしてみたりするのも良いかもしれません。

ちなみに、私も仕事のお付き合いでお酒をいただくことがありますが、新幹線移動中などに、自らお酒は飲まないようにしています。それはなぜかって？

僧侶が新幹線でお酒を飲むだなんて、やはり、世間から見れば印象の良いことではありません。「五戒」なだけに「誤解」を招かないことが大切です☆

一月十七日【防災とボランティアの日】

一九九五年一月十七日に発生した阪神・淡路大震災をきっかけに制定された記念日です。この震災では沢山のボランティアが活躍し、ボランティア元年と呼ばれました。

もともと、「志願者」という意味を持つボランティア。自ら進んで奉仕する尊い行いは仏教における「布施行」ともいえるでしょう。

また、「防災」といえば、近年注目されているのが「ローリングストック」です。ローリングストックとは、備蓄している食料（ストック）を賞味期限が切れる前に定期的に消費して買い足し（ローリング）備えることです。この方法であれば食べながら備蓄できるので、賞味期限切れを防ぐことができる有効な備えです。

以前、とある高齢の女性から、旅行へ行くたびに日持ちのする食べ物を自分用のお土産として買い、それをお仏壇に供え、賞味期限が近くなったものから食べるという生活をしていると伺いました。お仏壇であれば自分も家族も場所を忘れないため、これは素晴らしいローリングストックです。昔から「備えあれば憂いなし」といいますが、お仏壇備蓄は、まさに「お供え物あれば憂いなし」ですネ☆

一月十八日【観音様のご縁日】

「縁日」とは「有縁日」の略で、神仏と特別の縁があるとして祭典や供養が行われる日です。縁日に参詣をすれば大きな功徳をいただけるといわれています。

毎月十八日は観音様（観世音菩薩、観自在菩薩）のご縁日です。観音様は世の中の人々の苦しむ声や助けを求める心の音を観じとってくださる仏様であるため、「世」の「音」を「観」ずる、と書いて「観世音菩薩」といいます。

その特徴は「三十三身」といって、救う人に応じ、様々なお姿に変化されることです。仏教に詳しくない人でも、「聖観音」や「千手観音」など、聞いたことがあるでしょう。『観音経』では「念彼観音力」という偈文が何度もでてきますが、これは、観音様を一心に念ずれば、いつでもどこでも観音様が私たちのSOSをキャッチしてくださるということです。

ちなみに私の仏教落語では、観音様が喋る場面があります。すると先日、お客様から「観音様が喋るだなんてビックリでした！」とご感想をいただいたので「観音様が喋ったら、あカンノン？」とお答えしておきました☆

一月十九日【のど自慢の日】

一九四六年一月十九日、ＮＨＫラジオで「のど自慢素人音楽会」が放送開始されたことから制定された記念日です。関連の記念日としては十月十七日の「カラオケ文化の日」があります。

【アノ人の歌声蚊が死ぬらしい】――数年前、私が詠んだ川柳です。「カラオケ」は、今や日本が世界に誇る娯楽文化のひとつですが、「空」の「オーケストラ」を略して「カラオケ」と呼ばれるようになったといいます。

今も昔も美しい「歌声」は多くの人を魅了しますが、お経の中には「妙音鳥」や「好音鳥」と呼ばれる、「美声の鳥」が登場します。

この鳥は、ヒマラヤの山中にいる「迦陵頻伽《かりょうびんが》」という名の鳥で、殻の中にいるときからよく鳴くのだそうです。これが本当の「空オケ」ならぬ「殻オケ」かも知れません。

また、『阿弥陀経』では「極楽浄土に住む鳥」とされ、浄土曼荼羅などには「人の頭」に「鳥の身体」という姿で描かれています。

人間界だけでなく、もしも、仏様の世界で「極楽のど自慢」が行われることがあれば、「迦陵頻伽」は優勝間違い無しでしょう♪

そして、出場の順番は……?

やはりトリ（鳥）で決まりでしょうネ☆

一月二十日【インクルーシブを考える日】

「インクルーシブ（包括的な）社会」とは「共生社会」のことです。記念日は、二〇一四年、国連総会で採択された「障害者権利条約」について日本の批准書を寄託した日付に由来します。

「共生」の語源は二つあるとされています。

ひとつは、生物学の「Symbiosis」の訳語で、異種の生物が行動的・生理的な結びつきを持ち、一所に生活している状態のことを指します。そしてもうひとつが、仏教学者であった浄土宗僧侶・椎尾弁匡師が唱えた「共生《ともいき》」です。

これは、お念仏の教えの書に「願、共諸衆生　往、生安楽国」と繰り返し説かれていたことから「いまあるすべてのいのちの連綿とした繋がりを大切に」とする考え方です。すべてのものは他と関係し合って生起・存在しており、それらは過去から現在・未来へと繋がっているといいます。現代社会で使用される「共生《きょうせい》」とは区別された仏教の言葉ではありますが、私たちが考える共生には「共生《ともいき》」の精神が流れていると考えられます。すべての人が自分らしく生きられるよう、「強制」よりも「共生」があふれる社会になりますように☆

一月二十一日【国際ハグの日】

この日は「国際ハグの日」であることに加え、一八六六年に敵対関係にあった薩摩藩と長州藩が「薩長同盟」を締結したことから、「ライバルが手を結ぶ日」でもあります。

一九八六年三月二十九日、アメリカ・ミシガン州で制定された「国際ハグの日」。日本では八月九日も「ハグの日」とされています。

日本では、ハグを照れ臭く感じる人も少なくないため、パートナーとのハグをハグらかしてしまう人もいますが、関係がちぐハグにならないためにも、ハグは大切です。

また近年、人間はハグをすると「オキシトシン」というホルモンが脳内で分泌されることが分かりました。オキシトシンは別名「幸せホルモン」と呼ばれ、ストレスの軽減効果や自律神経を整える効果も期待されています。

つまり、ハグは互いを癒し、幸福感や安心感をもたらしてくれる、素敵な行いなのです。

私も毎朝家族三人でハグをするようにしていますが、皆さんも是非、大切な人とハグをする生活をはじめてみてください。でもなぜ、これだけハグをおすすめするのかって？

私は住職だからこそ、「法要（抱擁）」を大切にするでしょう♪

一月二十二日【禁煙の日】

毎月二十二日は「禁煙の日」。数字の「2」を白鳥に見立て、白鳥は英語で「スワン」ということから「吸わん、吸わん」で「禁煙の日」となりました。

喫煙――その害について仏教界でいち早く説いたのは、江戸時代の曹洞宗僧侶・卍山道白《まんざんどうはく》和尚や面山瑞方《めんざんずいほう》和尚だと伝えられています。

そもそも仏教では、タバコに関する戒律はないといわれています。なぜならお釈迦様の時代、ユーラシア大陸にはタバコそのものがなかったからです。だからといって、仏教はタバコＯＫ！と解釈して良いのでしょうか？

たとえば、お酒に関する戒律「不飲酒戒」は、僧侶が泥酔したことをきっかけに定められた戒律であるといわれています。つまり、戒律は不祥事の後に定められる場合もあるため、「戒律にないからやっても良い」と開き直るものでもないのです。

お釈迦様は「身口意」を清浄にすることをすすめられましたが、そのような観点からも、仏教とタバコについての議論は続けられています。いずれにしても戒律で禁止されていないからといって、議論を「煙」にまいてはいけませんネ！

一月二十三日【一無、二少、三多の日】

この日は「アーモンドの日」でもあります。アーモンドを一日に約二十三粒摂取することで、一日に必要なビタミンEをまかなうことができることから制定された記念日です。

仏教には「少欲知足」という教えがあります。これは「欲少なくして足るを知る」という意味で、私たちが感謝の気持ちで日々を送らせていただける、心の健康に欠かせない教えです。

そして、身体の健康に欠かせないのが、日本生活習慣病予防協会が提唱する「一無、二少、三多」という生活習慣です。

「一無《いちむ》」は「無煙・禁煙」、「二少《にしょう》」は「少食」と「少酒」、「三多《さんた》」はクリスマスにプレゼントを届けてくれる白髭の……ではなく、「多動（体を多く動かす）」、「多休（しっかり休養する）」と「多接（多くの人、事、物に接する生活）」のことをいいます。

「一無、二少、三多」の習慣は、この日だけといわず、まずは三日……いえ、ぜひ七日間、続けてみてください。一週間続けることができれば、これが本当の生活「習慣（週間）」になりますヨ☆

一月二十四日【全国学校給食週間】

一八七二年のこの日、明治天皇が初めて牛肉を食したことから、日本人の食生活が変化し、肉料理が本格的に広まっていったといわれています。

「コッペパン」に「ソフトめん」……この言葉を聞くだけで、なんだか懐かしい気持ちになります。

学校給食は、一八八九年、山形県鶴岡市の私立忠愛小学校ではじまりました。

忠愛小学校は大督寺というお寺の境内にひらかれた学校で、昼食を持参できない子どもたちに、僧侶がおにぎりや焼き魚、漬物といった食事を提供しました。その食材は、僧侶が一軒一軒家を回り、お預かりした浄財でまかなわれたものだったそうです。

その後、全国に広まった給食は戦争により中断しましたが、戦後の食糧難により児童の栄養状態が悪化したことから、学校給食の再開を求める声が高まり、一九四六年十二月から給食が再開されることになりました。

現在では、毎年一月二十四日～三十日が「全国学校給食週間」となっています。

いつの時代も社会全体で子どもたちの「食」を守り、その成長を「エエよう（栄養）」にしていきたいですね☆

一月二十五日【一室入魂の日】

この記念日は、不動産管理会社が一室一室まごころを込めて安心安全な管理、ホスピタリティを追求した対応を社内外に広く知ってもらうことを目的として制定されました。

「入魂」――この言葉には、「あるものに精魂をつぎこむこと」という意味のほか、「心やすいこと」「懇親」「親密」という意味があります。また、「入魂」というと「お仏壇」や「お位牌」などの「開眼供養」（一般的に「魂入れ」などと呼ばれる）をイメージされる方も多いと思いますが、私もはじめてこの記念日を知ったときは、てっきり、宗教者が物件のご祈祷やお祓いをする日なのかと思いました。そのときは思わず、「もしも自分が住職として一室入魂のご依頼をいただいた場合、どのような仏様にお願いをしたら良いか」と考えてしまいました。ご祈祷やお祓いは、その目的によって、お願いをする神様仏様が異なる場合も少なくないからです。

結局、「一室入魂」を宗教儀礼だと思ったのは私の勘違いでしたが、もしも本当に「一室入魂」が宗教儀礼だった場合、拝ませていただく仏様は、やっぱり「お不動さん（不動産）」だったでしょうネ☆

一月二十六日【文化財防火デー】

一九四九年一月二十六日、法隆寺金堂で発生した火災で国の文化財が焼失した反省をふまえ、当時の文化財保護委員会と国家消防本部が制定した記念日です。

「お寺で怖いもの」――そう聞くと、どのようなものを想像しますか？　正解は「幽霊」ではありません。実は私たち住職が最も恐れるものは「火災」なのです。

火災は、私たちの命はもちろん、すべてを一瞬にして奪い去るため、日常的に「防火」を心掛ける必要があります。

たとえば、ロウソクやお線香をはじめ、タバコの吸い殻など、火の元になるものに気を付けることも防火のひとつですし、「避難ルートに物を置かない」を徹底することや、「もしも今、ここで火事になったら」というシミュレーションをすることも、命を守る行動に繋がります。そしてなにより、消火器の設置場所や使い方を知っておくことが大切です。

一月二十六日は「文化財防火デー」に加え、私たちの健康に関わる「腸内フローラ」を調える「腸内フローラの日」です。いずれにしても、この日は「消火器（消化器）」を意識する日、ということですネ♪

一月二十七日【国旗制定記念日】

一八七〇年、明治政府によって古くから親しまれてきた「日の丸」が日本のシンボルに定められました。日付はその記念すべき日が一月二十七日であったことに由来します。

世界の国旗には、多くの歴史と宗教的な特徴が表れています。例えば、仏教国カンボジアでは、国旗の中央にアンコール・ワットが描かれ、キリスト教国家の多くは国旗に十字が描かれています。また、トルコの旗にはイスラム教のシンボルである月と星が描かれているのが印象的ですし、インドの国旗は、ヒンドゥー教（サフラン色）、イスラム教（緑色）、異なる宗教との和解と平和（白色）というベースに、仏教の宝輪が記されています。どの国旗も、平和への祈りと道のりを感じさせるものばかりです。

さらに、旗といえば、戦争の際、降服の意を表すために「白旗」が用いられますが、これは、言葉の通じない国同士で行われる戦争で、降服の意志が一目で分かるように国際的に定められたものです。

戦争では沢山の命が奪われます。悲しみの果てにある「降服」の白旗よりも、それぞれの国が守ってきた「幸福」の国旗が世界中ではためくよう、祈るばかりです。

一月二十八日【衣類乾燥機の日】

この日は、「衣類（一）ふん（二）わり（八）」という語呂合わせから制定された記念日です。
その他にも「逸話の日」に制定されています。

衣類乾燥機――その有難さを知ったのは、比叡山行院で修行をしていたときのことです。比叡山には古くから、修行の厳しさを表す「論湿寒貧」という言葉がありますが、「論」は仏教の教えを論じ学問に励むこと、「湿」は琵琶湖由来の湿気による夏の蒸し暑さ、そして、「寒」は真冬の寒さ、「貧」は清貧の生活をいいました。なかでも、私にとって地味に辛かったのが「湿」だったのです。

なぜなら、「湿」の比叡山では夏場に洗濯をしても衣類が乾きにくく、布団などはいつもジメジメと湿っていました。そこではじめて、修行道場に設置された衣類乾燥機を使用できたときは、本当に乾燥機の有難さが身に染みたものです。仏教では「当たり前」に感謝する心を大切にしますが、文明の利器によって衣類がふんわりと乾くことは、感謝すべきことなのだなと改めて感じました。

以上、「乾燥」機の素晴らしさについての個人的「感想」でした☆

一月二十九日【人口調査記念日】

この記念日は、一八七二年一月二十九日、明治政府によって、日本ではじめて全国戸籍調査が実施されたことに由来する記念日です。当時の人口は約三千四百万人でした。

約一億二千万人の人口を誇る日本。その算出は国勢調査をもとに行われています。また、文化庁の『宗教年鑑』では各宗教の信者数が公表されていますが、令和三年十二月三十一日現在、日本では仏教系が八千三百万人、神道系が八千七百万人、キリスト教系が二百万人、諸宗教が七百万人ほどとなっています。合計すると、日本の総人口を大幅に超える結果となりますが、この背景には、檀家制度との重複が考えられます。

例えば、私の夫はキリスト教徒ですが、夫の実家の宗派は浄土真宗です。すると、夫はキリスト教の信者としても、浄土真宗の門徒（信者）としても数えられることになります。

宗教の信者数はさておき、国勢調査は国の動きに大きな影響を与えるため、国民がしっかりと参加する必要がありますが、これからの時代、国勢調査は自己申告に頼らず、人工知能が担うようになるかもしれません。そうなったときは、これが本当の「人口（人工）調査」といえますネ☆

一月三十日【みその日】

毎月三十日は「三十日」を「みそか」とも読むことから「みその日」に制定されています。この日はさまざまなお味噌を楽しむ日にしたいですネ♪

毎日の食卓に欠かせないお味噌。日本最古の記録では、平安時代の文献に「味噌」という字が見られます。当時、味噌は貴族階級や僧侶しか食べることのできない、おかずとしての高級食材でした。鎌倉時代になると、味噌が食べ物から調味料として使われるようになり、「一汁三菜」という鎌倉武士の食事の基本が確立されました。また、この頃には中国の径山寺から帰ってきた覚心という僧侶から和歌山県の興国寺に味噌が伝えられ、これが有名な「金山寺味噌」になったといいます。

戦国時代には、味噌は重要なタンパク源として武士が携帯するようになりましたが、肉食を禁忌とする僧侶にとっても、味噌は栄養源になったと考えられています。ちなみに、味噌を好むのは、僧侶だけではありません。私の知り合いの牧師さんは、お味噌汁が大好きで、毎朝お味噌汁をいただくそうですが、なんと！　そのお味噌汁のことを「神の味噌汁（神のみぞ知る）」と呼んでいるそうです☆

一月三十一日【愛菜の日】

この日は、野菜の摂取量が少なくなりがちな冬場に野菜を食べてもらうことを目的とした記念日です。日付は「一」を「愛」、「三十一」を「菜」と読む語呂合わせから。

先日、野菜中心の食事の写真をSNSに掲載したところ、「精進料理ですね」というコメントをいただきました。でも実は、「野菜」＝「精進料理」というわけではないのです。

そもそも「精進」という言葉には、「善を行い、悪を断つ努力を継続的に行う」という意味があります。そのような観点から、仏教では殺生を行わないように魚鳥獣の肉を食べないようになりましたが、野菜の中でも、「五辛《ごしん》」や「五葷《ごくん》」と呼ばれる、臭味の激しい五種の野菜（韮、葱、ニンニク等）は修行の妨げになるとされ、遠ざけられてきたのです。

冬は野菜の摂取量が減ることから制定された「愛菜の日」ですが、鍋物であれば、野菜を沢山摂ることができますので、是非この日は鍋料理で野菜を摂っていただきたいと思います。

それではここで、謎かけをひとつ。

「鍋物」とかけて「新婚さん」ととく、そのこころは、どちらも「煮たもの（似た者）フーフー（夫婦）、あーつあつ♡」でしょう♪

二月

二月一日【あずきの日】

毎月一日は「あずきの日」です。日本には昔から旧暦の一日と十五日にあずきご飯を食べる習慣がありました。栄養豊富なあずきを食べて健康的な生活を送りましょう♪

あずきを使った「ぜんざい」。これは、仏教用語の「善哉」に由来する言葉です。仏教における「善哉」とは、お釈迦様が弟子たちの意見に賛意を表すときに発する言葉でしたが、一説には、あずき汁を食べた一休さんが「善哉此汁（善《よ》き哉《かな》この汁）」といったことから「ぜんざい」と呼ばれるようになったといいます。

また、あずきを原料とした「あんこ」も仏教の影響を受けた食べ物だといわれています。本来、「あん」とは「食べ物の中に詰めるもの」という意味で、もともとおまんじゅうの中には肉や野菜が詰められていました。その肉のかわりとなったのが「あずきあん」です。古来、赤いあずきは邪気を払うといわれてきたため、縁起の良いあずきを肉の代わりにして、仏教と相性の良い食べ物にしたのです。

ちなみに私の知り合いは、仕事のアイデアを練るときはあんこがたっぷり入ったアンパンを食べる習慣があります。アンパンを食べると、良い「案」が浮かぶのだそうですよ☆

二月二日【夫婦の日】

語呂合わせから「夫婦の日」「カップルの日」とされるこの日は、国際的にも仲の良い夫婦が増えることを願う日でもあります。

「伴侶」の「侶」という漢字には、「ともに連れ立つ仲間」という意味があります。「伴侶」以外ではあまり見かけない漢字ですが、実は、私たち僧侶の「侶」も同じ字を書きます。私自身も結婚している身ですが、この漢字の意味を考えると、夫の伴侶としても、また、皆様の心に寄り添う僧侶としても、「ともに連れ立つ仲間」でありたいと思います。

ちなみに仏教では、一人で打ち込む修行もあれば、相手がいてはじめてできる修行も沢山あります。そう考えると、喜怒哀楽、さまざまな感情や自分の反省すべき点に気づかせてくれる夫という存在は、善き修行相手なのかもしれません。

先日、とある番組のインタビューで「まるこさんにとって、結婚とは何ですか？」と聞かれました。そこで「私にとって、結婚とは修行です」と答えると、次の瞬間、キリスト教徒の夫がいったのです。

「僕にとっては、試練です」。

二月三日【節分】

「節分」は、毎年、立春の前日にあたります。本来は、立春に限らず、立夏、立秋、立冬の前日も節分ですが、現在では、春の節分だけが行われています。


節分といえば「豆まき」です。この日は自分の年齢と同じ数の豆を食べれば病気にならないといわれていますが、なぜ、鬼に向かって豆をまくようになったのでしょうか？

日本では古来、季節の変わり目には邪気が生じると考えられてきました。そこで、邪気を追い払うために「魔」を「滅」する「豆」がまかれるようになったのです。

また、鬼の姿というと「牛の角」に「虎のパンツ」でおなじみですが、これは、鬼が出入りするとされる「鬼門」が北東＝艮（うしとら）の方角であることから、「牛の角」と「虎のパンツ」になったといいます。

鬼は節分以外にも、地獄に落ちた人々に責め苦を与えたりして、なかなか忙しい毎日を送っています。そう考えると、鬼は仕事着（？）のパンツをいつ洗っているのでしょうか？　もしかすると、留守の間に誰かが洗濯をしてくれているのかもしれません。だって、昔からいうでしょう？

「鬼の居ぬ間に洗濯」と☆

二月四日【西の日】

「浄土」とは、煩悩を離れて、悟りの世界へ入った仏様や菩薩様の住む、清らかな世界をいいます。

先日、お寺の信者さんから「お浄土は、なぜ西にしかないのですか?」とご質問をいただきました。私たちは浄土といえば西方・極楽浄土を思い浮かべますが、実は、極楽浄土が日本で最も有名なお浄土というだけであって、他にも「お浄土」はあるのです。

たとえば、冒頭の西方・極楽浄土は阿弥陀如来様が教主とされるお浄土ですし、他にも、薬師如来様の東方・瑠璃光世界や、観音様の南方・補陀落世界など、さまざまなお浄土があります。すると、この説明を聞いた信者さんが、「それなら、私はどのお浄土へ行くのでしょうか?」と聞かれました。

この信者さんはお寺のお手伝いを良くしてくださる方で、縫物もよくしてくださいます。そこで私、ピンときました。この信者さんは、天寿を全うされたあとは、きっと極楽行きに違いないと♪そのこころは……?

縫物で功徳を積まれているのだから、きっと、「西方（裁縫）」浄土で決まりでしょう☆

二月五日【ニゴロブナの日】

二月五日、六日、七日は「ニ（二）ゴ（五）ロ（六）ブナ（七）」と語呂合わせできることに加え、この頃が「鮒ずし」の熟成が進み、最も美味しいことから制定された記念日です。

古来、瑠璃色に輝くことから「水の浄土」と見立てられ、周囲には多くの寺社が建立された琵琶湖。その豊かな環境によって育まれるのが、ニゴロブナです。

ニゴロブナは、主に琵琶湖の内湖や入江のヨシ帯で産卵し、稚魚はヨシ帯で生育します。その後、沿岸沖から沖合へと移動して、冬になると湖の深所に分布するようになり、二〜三年で二十五センチメートル〜三十五センチメートルに成長する琵琶湖の固有種です。ニゴロブナを使用した滋賀県の伝統的な発酵食品「鮒ずし」は、郷土料理百選にも制定されています。

ちなみに、私が人生ではじめて「鮒ずし」を食べたのは、二十代の頃に行かせていただいたＢＢＣのロケでのことでした。え？　イギリスの公共放送で日本の伝統食が取り上げられるなんて快挙ですって？　説明不足でした。ＢＢＣは、滋賀県民に愛されるテレビ局・びわ湖放送（Biwako Broadcasting Co., Ltd）のことなんですよ♪

二月六日【お風呂の日】

『温室洗浴衆僧経』には、沐浴すると七病が取り除かれ、七福が得られると説かれています。そのようなことから、お寺にはサウナのようなお風呂が設置されるようになりました。

日本最古のお風呂といわれる、奈良・法華寺の「浴室（からふろ）」。光明皇后が「我自ら千人の垢を去らん」と発願されたことがその起源とされていますが、このような施しのお風呂を「施浴」といいます。また、お風呂の施しといえば、私自身も以前、友人宅でお風呂を貸してもらい、助かったことがあります。

ある晩のこと。突然お風呂のボイラーが故障して、お湯が出なくなってしまいました。近所の銭湯はもう閉まっている時間です。そこで友人に相談したところ「明日も仕事でしょ？　うちのお風呂貸そうか？」と、優しい声をかけてもらったのです。そこで、急いでタクシーに乗り込み友人の家へ向かうと、友人が驚きました。「え！　タクシーできたの？」「うん、そうだけど？」「そんな！　タクシーなんて勿体ない……！　バス、もうなかった⁉」。だから私、友人に頭を下げながらいったのです。「バス（bath）がないから、お風呂借りに来ました☆」。

二月七日【オリンピックメモリアルデー】

一九九八年二月七日に開会された長野冬季オリンピックを記念して制定された記念日です。長野オリンピックの理念「自然との共存」から、長野の自然を考える日でもあります。

オリンピックのシンボルマーク、「五輪」。これは、世界の五つの大陸の団結を意味するものですが、仏教界では「五輪」といえば、宇宙を構成する五つの要素（地・水・火・風・空）＝「五大」を円輪に擬したものを表す言葉です。ときにお墓では「五輪塔」と呼ばれる、円や三角の石が積み重ねられたものを見ることがありますが、これは、五輪の考えをもとにしたもので、下から「地輪」「水輪」「火輪」「風輪」「空輪」を意味しており、平安時代から供養塔や墓石として用いられるようになりました。

そういえば先日、墓石なども手掛けるお仏壇屋さんとオリンピックの話題で盛り上がっていたところ、お仏壇屋さんがいいました。

「五輪開催中は、お仏壇で使うおりん（チーン♪　でお馴染みの鳴り物）を沢山展示するようにしています」「え？　それと五輪、どういう関係が？」「はい、これが仏壇界の『おりんピック』とおススメしております」。

二月八日【針供養の日】

この日は、針への感謝と裁縫上達の祈願を込めて、錆びた針や折れた針を豆腐やコンニャクに刺して川や海に流したり、折れた針を神社に納めたりして、針の労をねぎらいます。

毎年二月八日、または、十二月八日に行われる「針供養」。この日は針を休め、折れた針を供養する日とされています。

針は私たちの日常生活に欠かせないものであることから、様々なことわざにもなっていますが、たとえば、「今日の一針、明日の十針」ということわざは、今日一針縫うことを怠れば、明日は綻びが大きくなって、十針も縫わねばならなくなることの譬えです。すぐにしなければいけない大切なことを後回しにしてはいけない、という教訓ですね。

また、仏教では、「人間に生まれることの難しさ」を「大海の針」と譬えていますが、これは、人間に生まれることは、海に落とした針をさぐり当てるほどに得難いことである、という意味です。針をはじめ、身近なものに感謝して供養する気持ち、そして、人間に生まれたことは「大海の針」だということに感謝すれば、きっと、生活にも「ハリ」が出るはずですヨ☆

二月九日【服の日】

もともと僧侶は「糞掃衣」（ふんぞうえ）といわれる、トイレ掃除に使うようなボロ布をつづり合わせて作った衣をまとっていました。

僧侶の服といえば、衣。現代の日本では、内側に着る着物の部分を「衣」と呼び、衣の上に肩からかけるものを「袈裟」と呼びますが、袈裟の中には大きなものもあり、その佇まいが威儀張ってものものしいところから、「大袈裟」という日本語ができたといわれています。また、衣の色は宗派によっても異なりますが、これは、僧階という僧侶の位によって決まるものです。一般的には大僧正といわれる高僧の紫色の衣が有名ですね。

ちなみに以前、法衣店に木蘭色の衣を注文したところ、なぜか、紫色の衣が届いたことがありました。そこで早速、この手違いをブログに書いたところ、「この手違いを、平成の紫衣事件（徳川家光の時代、高僧が皇室から賜った紫衣を幕府が法規を盾に奪い僧侶らを罰した事件）と名付けましょう！」というコメントが寄せられました。でも、本当にあの紫の衣を見たときは、ビックリしすぎて、思わず「シェ（紫衣）ー！」と叫んでしまいましたネ☆

二月十日【布団の日】

近年では、災害時にお寺が避難所になることを想定して、寝袋を収納した坐禅用の座布団が開発されています。

「布団が吹っ飛んだ！」――これは、「アルミ缶の上にあるミカン」と並ぶ、日本を代表する（？）ダジャレのひとつです。布団は私たちが人生の三分の一の時間を過ごす場所ですが、もともと「布団」は「蒲団」と書き、蒲の葉で編んだ坐禅などに用いる円座のことをいいました。また、「団」という漢字は音読みでは「だん」「とん」と読みますが、訓読みでは「まる（い）」「かたまり」と読みます。その意味はというと、まるい、まるくまとめる、あつまり、等とされています。身近な例では、丸い「団子」や、人々が集まりまとまっている「団体」などがあげられます。

そして、余談ではありますが、私が師匠から授かった「団姫《まるこ》」という名も、この読み方からきています。

このように、仏教と布団は深い関わりがありますが、ここだけの話、布団業界を守っておられるのは、仏様ではなく神様だそうです。

だって、布団のことを昔から「寝具（神具）」といいますからネ☆

二月十一日【初午いなりの日】

「初午」とは、二月最初の午の日のことで、毎年日にちが異なります。そのため、初午に近い祝日である「建国記念の日」が「初午いなりの日」に制定されました。

建国をしのび、国を愛する心を養う「建国記念の日」。この日は「建国記念日」と間違えられがちですが、このニュアンスの違いには大きな意味があります。というのも、「建国記念日」というと、その日が建国された日付である必要がありますが、日本は建国された日付が明確ではないため、「建国記念日」とせず、建国されていること自体を祝う「建国記念『の』日」となったのです。

そして、建国記念の日にちなみ制定されたのが「初午いなりの日」です。この日、稲荷神社では五穀豊穣を祈るお祭りが行われ、この日にいなり寿司を食べると、福を招くと伝えられています。

ではなぜ、「いなり寿司」なのでしょうか? これは、稲荷神様の使いであるキツネの好物が「油あげ」とされることに由来します。

ちなみに、キツネはいなりを貰うと喜ぶそうですが、反対に、人にあげるのも好きだそうです。そのこころは、油「揚げ」なだけに、「あげる」のが好きでしょう☆

二月十二日【ペニシリンの日】

一九四一年のこの日、オックスフォード大学付属病院で、世界初の抗生物質「ペニシリン」の臨床実験に成功しました。「ペニシリン」は青カビの属名にちなんでつけられた名前です。

イギリスの細菌学者・フレミング博士によって発見されたペニシリン。きっかけは、博士がブドウ球菌の培養実験をしている最中に留守にしたところ、シャーレの一部に青カビが生え、その青カビの周辺だけはブドウ球菌が生成してこないという現象の発見でした。翌年、博士は青カビに細菌の増殖を抑える物質があることを確認したのです。

この発見は「偶然が重なった奇跡」といわれていますが、仏教では、物事に「偶然」などなく、すべて「必然」だといわれています。

多くの人の命を救ったペニシリンは、青カビと人類のご縁によって生まれたのですネ♪

ちなみに私は十五年ほど前、膀胱炎になってしまい、落語会に出演できるかどうかという体調の日がありました。しかし、抗生物質のおかげで無事回復し、落語会に出演できたのです。でも、そんな昔のことをよく覚えてますねって？　だって、膀胱炎は過去の話ではなく、「最近（細菌）」の話ですからネ♪

二月十三日【虚空蔵菩薩様のご縁日】

虚空蔵菩薩様は宇宙のような広大無辺の福と智慧の「蔵」を持つ仏様で、受験合格や呆け封じのご利益をいただけるといわれています。

毎月十三日は虚空蔵菩薩様のご縁日です。虚空蔵菩薩様は丑年、寅年の守り本尊様として知られますが、そのお姿はというと、右手に智慧の宝剣を持ち、左手に福徳の蓮華と如意宝珠を持たれています。

また、私が住職を務める道心寺のご本尊様は虚空蔵菩薩様の化身とされる明星観音様ですが、明星観音様は虚空蔵菩薩様の象徴とされる「金星」を左手に持ち、その金星の明かりで暗闇にいる人々を夜明けの世界へと導いてくださる仏様です。

すると以前、お寺へお参りに来られた相撲ファンの女性から、「虚空蔵菩薩様や、その化身である明星観音様をお参りすると、推しのお相撲さんが強くなるご利益をいただける気がする」といわれました。

なぜお相撲さんがご利益をいただけるのかと思っていると……？

「金星」の仏様なだけに、お相撲さんも「キンボシ」をいただけそう！　とのことでした☆

二月十四日【バレンタインデー】

キリスト教の「聖人《せいじん》」は、カトリックや東方正教会において、生前に奇跡を行い、殉教や敬虔な生涯を送ったために崇敬を受ける人のことです。

「聖」を冠するバレンタインデー。

この記念日はキリスト教に由来するもので、二六九年、キリスト教の司祭であったヴァレンティヌス（ヴァレンタイン）が殉教した日だといわれています。

この当時、ローマ皇帝は兵士の士気の低下を恐れ、結婚を禁止していました。しかし、ヴァレンティヌスは兵士たちを秘密裡に結婚させたため、ローマ皇帝から迫害に遭い、処刑されてしまったという伝説があります。この伝説から、ヴァレンティヌスは「愛の聖人」「カップルの守護者」とされるようになり、欧米では恋人たちが互いに花束やお菓子を贈る日となりました。

「愛」はキリスト教が最も大切にするものですが、神様の愛も、人間同士の愛も、決して誰も邪魔することはできません。皇帝も、そのことは分かっていたはずです。だからこそ、「皇帝」も兵士たちの愛を否定することなく、「肯定」して欲しかったですネ♡

二月十五日【人間国宝が誕生した日】

一九五五年のこの日、歌舞伎役者の七代目坂東三津五郎などが初の「重要無形文化財保持者」と認定され、いわゆる「人間国宝」が誕生しました。

私の好きな天台宗の教え――それが、伝教大師最澄上人の「一隅《いちぐう》を照らす、此れ則ち国宝なり」という教えです。

「一隅」とは、「ひとすみ」という字を書きます。これは、社会の一隅にいる自分自身が、まずは、自分の持ち場で自分の役割を一生懸命頑張って、社会の一隅を明るく照らしましょう、という教えです。一人一人が輝けば、世の中全体が明るく照らされます。だからこそ最澄上人は、一隅を照らす人間こそが、お金や財産よりも尊い「国の宝物」だと説かれました。

そこで先日、講演会でこの話をしたところ、お客様から「私も国宝なんです！」といわれました。まさかの言葉にビックリした私。「え……！　ということは、書道とか陶芸とかの凄い方なんですか？」と聞き返すと……？　お客様。「はい、私、国民健康保険です！」

……「国宝」ならぬ「コクホ（国保）～」のダジャレでした☆

二月十六日【似合う色の日】

この日は「似（二）合う色（一六）」の語呂合わせによって制定された記念日です。似合う色を身に着けることで、心豊かに人生を満喫できるようにとの願いが込められています。

極楽浄土について説かれた『阿弥陀経』。

このお経には「青色青光　黄色黄光　赤色赤光　白色白光」という言葉がでてきますが、これは、極楽に咲く蓮の花は色とりどりで、「青い花には青い光」「黄色い花には黄色い光」……と、それぞれの花にそれぞれの輝きがある、という意味です。

これはまさに、童謡『チューリップ』の♪あかしろきいろどの花見てもきれいだな♪の世界といえますが、そのような境地に至るためには、やはり、「自分の色を知る」ということが大切です。自分の長所も短所も認めていくことが、自分の色を知り、深めていくヒントになるでしょう。

ちなみに、私が暮らす兵庫県尼崎市はダイバーシティと呼ばれますが、市民の一人一人が自分の色を大切にしながら、他者の色も認め、楽しむ、素敵な街です。昔から、「十人十色」といいますが、尼崎の魅力はまさに「『住人』十色」といえますね☆

二月十七日【国家のランダムな親切の日】

この日は「ナショナルランダムアクトオブカインドネスデイ」＝「国家のランダムな親切の日」とされ、相手を問わずに親切な行いをする日です。

仏教では、「恩」は「返す」よりも「知る」こと＝「知恩」が大切だと説かれています。たとえば、お世話になった人へお礼のお菓子を買いに行ったとします。そこで、千円と二千円のクッキーがあると、どちらを買うか悩みます。するとその瞬間、その恩が千円相当であったか二千円相当であったか、心の中で恩の大きさを量ってしまうのです。だからこそお釈迦様は、恩を知った者は、恩を施してくれた相手ではなく、社会に還元していこうと説かれました。その行いこそ、「他者への親切」ではないでしょうか。……とはいえ、世の中には親切につけ込む人もいるので注意が必要です。ここでひとつ小咄を聞いてください。

あるとき、駅の切符売り場でお爺さんに話しかけられました。「財布を落としまして……五百円あれば帰れるので、貸してもらえませんか」。そこで自分の財布を見ると、千円札しかありません。するとお爺さんがいいました。「千円でも大丈夫！　五百円お釣りあるから！」

二月十八日【安眠の日】

関東圏の睡眠時間が少ないことから、関東の一部地域で定められた「安眠の日」。日付の由来は不明ですが、睡眠時間を十分にとることを目的とする記念日です。

睡眠不足大国と呼ばれる日本。特に女性の睡眠時間が少なく、その背景には女性の家事負担の大きさが指摘されています。睡眠は私たちの心身の健康に大きく関わるものですから、ここで改めて、睡眠の大切さに目を向けてみましょう。

まず、仏教では、寝ることによって精神が暗くはっきりしなくなる状態を「睡」、感覚器官が働かず体が麻痺した状態を「眠」として、「必要以上の睡眠は修行を妨げる」とされています。そのようなこともふまえ、修行を行うためには、食事、睡眠、身体、呼吸、心の五つを調えることがすすめられています。

ちなみに、仏具のひとつである「木魚」は、魚は瞼がなく、昼夜とも目を覚ましていることから、修行中の怠惰、惰眠を戒めるために魚の形になったといわれています。

それでは、ここでクイズです。春夏秋冬、どの季節でも安眠できる布団の名前は……？

正解は、「敷き（四季）」布団でした☆

二月十九日【万国郵便連合加盟記念日】

一八七七年、日本が万国郵便連合に加盟する権利を得た記念日です。近年、日本国内では手紙をふくむ郵便物が減少傾向にあるといいますが、改めて、手紙の良さに注目したいものです。

メソポタミア文明や古代エジプトから存在したといわれる手紙。実は、信仰の世界でも大きな役割を果たしています。

たとえば仏教では、各宗派のお祖師様が人々に宛てた手紙が残されており、その手紙の数々は、経典ではありませんが、人々を導くための教えとして大切にされています。

さらに、キリスト教においては、「ローマ信徒への手紙」や「コリント信徒への手紙」など、手紙が聖書そのものの一部となっており、国や時代を越えて多くの人に光をもたらしているのです。

私は、メールや電話が禁止されていた落語家の修業時代、数か月に一度、親から届く手紙が本当に楽しみでした。今でも修業時代の手紙を読み返すと、あのとき、両親はこのような気持ちで私を応援していてくれたのか……という気持ちが込み上げてきます。自分のことを応援してくれる人からの手紙は、やはり、手紙なだけに「便り（頼り）」になりますネ☆

二月二十日【普通選挙の日】

一九二八年二月二十日、日本で初めて衆議院議員総選挙における「普通選挙」が実施されたことに由来する記念日です。当時は二十五歳以上の男性に選挙権が与えられました。

「自分が投票したところで何も変わらない」――選挙になると、このような声をよく聞きます。しかし、選挙では一票差で当落が分かれることも実際にあるため、その一票は決して無力ではありません。

ちなみに、宗教界にも選挙があります。たとえば、仏教界では各宗派に「宗議会」が存在し、選挙で「宗議会議員」が決まります。

また、ローマ教皇を決める「コンクラーベ」は、その選出の大変さから「根比べ」などのダジャレで呼ばれることもあり、コンクラーベを題材にした映画に『ローマの休日』ならぬ『ローマ法王の休日』という作品まであります。これは、コンクラーベでローマ教皇に選出されてしまった無名の枢機卿が、その重圧に耐えきれず、ローマの街へ逃げ出してしまうというお話です。

それではここで、謎かけをひとつ。「選挙」とかけて、「米農家」ととく、そのこころは、「一票（一俵）」を大切にするでしょう☆

二月二十一日【国際母語デー】

ユネスコによって制定された、あらゆる母国語の尊重の推進を目的とする記念日です。バングラデシュに由来する日ですが、その国名は「ベンガル人の国」という意味を持ちます。

もともと、バングラデシュは旧東パキスタンで、多くの人がベンガル語を話していました。ところが、西パキスタンがパキスタン全体の言語をウルドゥー語のみに制定しようとしたことから対立し、衝突。一九五二年二月二十一日、デモによって多くの死傷者がでました。この日は、バングラデシュの人たちが命をかけて母語を守ろうとした日なのです。

また、仏教界で言語といえば、お釈迦様の弟子に「プールナ」というお坊さんがいました。プールナさんは説法が見事であったことから「説法第一」と呼ばれ、六十か国語を話すことができたといいます。やはり、説法は聞き手の心や特性に合わせて説く必要があるため、沢山の言語を習得し、相手に合わせた言語で説いたのではないかと思います。

私も、話芸で説法をする者としてプールナさんを見習い、最近なんとか三か国語を話せるようになりました。その三つとは……「英語」、「日本語」、「落語」です☆

二月二十二日【猫の日】

この日は「ニャン・ニャン・ニャン」の「猫の日」です。猫が生み出す経済効果は年間約二兆円……いえ、ニャン兆円といわれています。

世界中で愛される猫。ところが仏教では、猫はあまり好意的な存在とされていません。

というのも、お釈迦様はお亡くなりになるとき、沙羅双樹の間でお休みになられていましたが、そこへ、天から薬の袋が投げられました（「五月五日」参照）。

しかし、この袋が沙羅双樹の枝に引っかかってしまったのです。そこで、ネズミが袋を取りに行こうとしましたが、猫が邪魔をしたせいで、お釈迦様に薬が届かなかったという言い伝えがあるのです。

このようなことから、仏教界と疎遠になってしまった猫ですが、猫好きの僧侶は沢山いるため、猫と仏教の素敵な歴史はこれから作られていくものだと期待しています。

そういえば先日も、近所の猫が私のお寺に遊びに来てくれました。でも、細い場所をスッとすり抜けてきたので、思わず私、キャットしちゃいましたネ☆

二月二十三日【税理士記念日】

一九四二年のこの日、「税理士法」の前身である「税務代理士法」が制定されたことに由来する記念日です。申告納税制度の普及や税理士制度の周知を目的としています。

「お坊さんって、税金払ってないんでしょ？」――いいえ、そのようなことはありません。

そもそも、お布施は僧侶ではなく「お寺」に納められるもので、僧侶が自分のものにしているわけではありません。僧侶はお寺から給料という形で収入を得て、所得税はもちろん、住民税や消費税も、皆さんと同じように納めています。ではなぜ、「僧侶は税金を払っていない」と思われているのでしょうか？　それは、宗教法人の場合、固定資産税など一部の税金が免除、あるいは軽減されるからだと思います。しかし、免除や軽減は僧侶に対するものではなくお寺に対する措置であるため、僧侶個人の税金には関係ないのです。

ちなみに先日、信仰熱心なお爺さんと確定申告の話をしていたところ、マイナンバーの話題になりました。しかし、なんだか会話が噛み合いません。おかしいな？　と思っていると、このお爺さん。「マイナンバー」を「ナンマイダー」といっておられました（笑）。

二月二十四日【月光仮面登場の日】

一九五八年のこの日、ラジオ東京（現在のＴＢＳ）で日本初の連続テレビ映画『月光仮面』のテレビ放送がはじまったことに由来する記念日です。

仏教界では、「月光」といえば「月光菩薩《がっこう》」です。月光菩薩は月の光のような優しい慈しみの心で煩悩を消し去ってくださる仏様で、薬師如来様の脇侍であるため、健康長寿や病気平癒のご利益をいただけます。

では、月光菩薩と月光仮面はどのような関係があるのでしょうか？

実は『月光仮面』の作者・川内康範氏は日蓮宗のお寺の生まれで、月光菩薩が月光仮面というキャラクターに大きな影響を与えたといわれています。たとえば、月光仮面の眉間の三日月は、月の満ち欠けを人の心になぞらえ、「今は欠けて（不完全）いても、やがて満ちる（完全体）ことを願う」という理想、「月光は善人のみでなく、悪人をも遍く照らす」という精神を表しているそうです。月光仮面の精神は仏教由来であることが分かりましたが、それにしても、あのジャンプ力はどこで習得したのでしょうか？

それはきっと、ヒーローの「学校（月光）」で習ったのでしょうね☆

二月二十五日【深良用水（箱根用水）完成の日】

一六七〇年のこの日、神奈川県箱根の芦ノ湖の湖水を静岡県裾野市に引くため、箱根山をトンネルで貫く灌漑用水路「深良用水（箱根用水）」が完成しました。

「世界かんがい施設遺産」に登録されている深良用水。この用水路が造られたのは、当時、静岡県駿東地域の人たちが干ばつに苦しみ、水田の用水不足に悩まされていたことがきっかけでした。そこで、現在の静岡県裾野市深良の名主であった大庭源之丞が農民のために水路トンネルを造ることにしたのです。

また、仏教界にも、過去、土木事業で人々を救った「行基」という僧侶がいました。行基は奈良時代の僧侶で、全国をまわり民間布教をすると同時に、苦しんでいる人を救うため、各地でため池や農耕灌漑施設を造り、橋を架けるなどの土木事業を展開しました。その他にも、東大寺や国分寺の建立にも協力し、今日も「行基菩薩」として多くの人に信仰されています。

世のため人のために土木事業を行った大庭源之丞と行基菩薩。田畑が水で潤い人々の笑顔を見たときは、きっと、「感慨（灌漑）」深いものがあったでしょうネ☆

二月二十六日【包む（ラッピング）の日】

この記念日は、「二（つ）」、「二（つ）」、「六（む）」の語呂合わせから、贈り物などを包むための商品を企画、販売する会社によって制定されました。

私たちは、日々、いろんな物を包みますが、社会人としては、「御祝儀」や「御香典」の包み方も身につけておきたいものです。特に御香典の場合、「御霊前」と「御仏前」は、四十九日を境に使い分ける必要があります。仏教では、故人は死後、四十九日までは「霊」の状態とされ、その後、四十九日を境に仏様の世界へと歩みはじめます。そのため、故人が「霊」の状態であるお通夜やお葬式では「御霊前」とし、四十九日以降は「御仏前」とするのです。

すると以前、落語家の後輩S君とお葬式へ行く際、彼に聞かれました。「僕、御香典袋の書き方がよく分からないんですが、コンビニで買った御香典袋セット、これをどうすれば良いんですか？」――そこで私、「その中に『御霊前』と書かれた細い紙があると思うから、まずはそれを……」というと、S君。「え？『ゴレイゼン』なんてないです！『オレイマエ』という紙しか入ってません！」。このような後輩には、往生しますワ……☆

二月二十七日【仏壇の日】

この日はバレンタインデーとホワイトデーの中間の日にあたることに加え、「二人のきづ（二）な（七）」＝「二人の絆」で「冬の恋人の日」とされています。

毎月二十七日は全日本宗教用具協同組合によって制定された「仏壇の日」です。その由来は奈良時代に記された日本最古の歴史書『日本書紀』まで遡ります。『日本書紀』によると、六八五年三月二十七日、天武天皇から「諸国の家毎に仏舎を作り、乃ち仏像と経とを置きて礼拝供養せよ」との勅令がくだされました。以来、各家庭で仏壇をおまつりするようになったのです。私も毎日朝夕に仏前でお勤めをしますが、家の中に手を合わせる「祈りの場」があると、心が整います。

近年では、お仏壇をおまつりしない家庭も増えましたが、仏壇界もライフスタイルの変化に合わせ、マンション向けのミニ仏壇や、スタイリッシュな洋風仏壇などを製作していますので、一度、インターネットで検索してみてください♪

それではここで、謎かけをひとつ。「お仏壇」とかけて「アイドルのイベント」ととく、そのこころは、どちらも「仏飯（物販）」は欠かせないでしょう☆

二月二十八日【バカヤローの日】

一九五三年のこの日、衆議院予算委員会で当時の首相が議員に対し「バカヤロー」と発言したことをきっかけに衆議院が解散。「バカヤロー解散」と呼ばれるようになりました。

「バカ」を漢字で書くと「馬鹿」、「莫迦」などと書きます。「馬鹿」と書くのは当て字であり、「馬と鹿の見分けすらできないような愚かな人」という意味があるのだそうです。また、「莫迦」はサンスクリット語の「モーハ（moha）」＝「無知」、「迷い」の音写だといわれています。

ちなみに関西は「バカ」ではなく「アホ」文化（?）であるため、先日、夫と「バカとは?」と話し合っていたところ、夫がいいました。「関東の『バカ騒ぎ』というのは、関西でいう『アホみたいに騒ぐ』という意味なんですかね？　では、もし『アホ騒ぎ』という言葉があったら、これはどういう意味なのでしょう?」。そこで私。「きっと、『バカみたいに騒ぐ』という意味では……?」と、夫婦そろって、実にバカバカしい話をしてしまいました。でも、私たち夫婦の話はバカバカしいはずです。だって、夫はウマ（馬）年で、妻はハナシカ（鹿）ですからネ☆

二月二十九日【にんにくの日】

四年に一度の「閏（うるう）日」は、季節と暦の誤差を調整するため、平年より余分にもうけた暦日のことです。

仏教では、「にんにく」といえば、耐え忍ぶ修行＝「忍辱」のことをいいます。「忍辱」とよく似た言葉に「我慢」がありますが、仏教における「我慢」とは、「自分本位の思い上がり」という意味があります。たとえば、仕事や人間関係で理不尽な目に遭っても「自分さえ我慢すれば」「これもひとつの修行」と、自分に「我慢」を強いる人も少なくありませんが、これは問題を先送りにしているだけで何の解決にも繋がりません。一見、美徳と思われる「我慢」ですが、実は、自身も他者も誰も幸せにしないのです。だからこそ、耐え忍んだ先に明るい未来がある「忍辱」という「修行」と、一歩間違えば「苦行」になりかねない「我慢」との違いを見極めることが大切です。

それではここで、食べ物の「にんにく」と、同じくこの日が記念日の「閏日」で謎かけをしてみましょう！　「にんにく」とかけて、「閏日」ととく、そのこころは、どちらも「臭気（周期）」がはっきり分かるでしょう☆

三月

三月一日【豚の日】

三月は英語で「March」ということから、三月の初日であるこの日は「マーチ（行進曲）の日」ともされています。

「豚の日」は、一九七二年、アメリカで、利口な家畜として豚の正当な地位を認めることを目的としてはじまった記念日です。

豚は私たちにとって身近な存在ですが、イスラム教では、豚は「不浄」とされているため、イスラム教徒は豚肉を食べません。このような食事のことを「ハラールフード」などと呼びますが、「ハラール」とは、「許されたもの」という意味があり、イスラム教徒の生活全般における大切な指針となっています。

近年では、全国各地で、信教の自由を考慮し、学食でハラールメニューを提供する大学が増えてきました。また、大学に限らず、飲食店でもハラールフードを取り扱うお店が増加傾向にあります。

先日、テレビを見ていると、とあるラーメン屋さんが豚や豚骨を一切使わない豚骨ラーメンを開発したというニュースを目にしました。豚を使わない豚骨ラーメンとは……！　これには思わず、「ピッグり」しちゃいました☆

三月二日【ミニの日】

「ミニ」は「最小」を意味する英語「ミニマム」が略された言葉ですが、「ミニ」と同じく日常でよくつかわれる「プチ」は「小さい」「小型」を意味するフランス語です。

仏教には「微塵」という言葉があります。これはサンスクリット語の「小さな」を語源とするもので、「目に見える最小のもの」「ごく小さいもの」の意味を持ち、水中にいる「ミジンコ」も、もともとは「微塵子」と書きました。また、微塵よりもさらに小さい原子レベルの大きさを「極微」といいます。

そしてここだけの話、私の師匠は「ミニ」をよくネタにします。なぜなら師匠は小柄であるため「ミニ」エピソードが尽きないのです。特に、私が入門した当時は「師匠よりも大きい弟子が来た」とよくいわれました。するとあるとき、師匠が落語のマクラでいったのです。「新弟子の団姫ですが、団姫は私よりも身長が高くて、手も足も、私より大きいんです。でも、なによりデカいのは、態度です！」――この一言にお客様は大爆笑！

でも師匠、これだけはいわせてください！　態度が大きいだなんて……私、「身に（ミニ）」覚えがありません♪

三月三日【耳の日】

この日は「ひな祭り」のほか、「三」「三」の語呂合わせに加え、「三重苦」であったヘレン・ケラーに対し、サリバン先生が指導をはじめた日でもあります。

日本仏教の祖といわれる聖徳太子は、耳がとてもよく、何人もの話を同時に聞き分けられたといいます。私は小さい頃から耳が立っていたため、よく大人から「聖徳太子のように沢山の声を聞ける人になるよ。でも、嫌なことも聞こえてくるから、それは上手に聞き流すようにね」といわれてきました。

先日、インターネットを見ていると、私のような耳のことを「立ち耳」ということが分かりました。その定義は側頭部と耳の角度が四十度以上（通常は二十度～四十度）ということだったので、夫に測ってもらったところ……なんと、私の耳は七十度もあったのです。

と・こ・ろ・が！　その後、さらに立ち耳について調べてみたところ、キリスト教圏では「立ち耳」は「悪魔の耳」を想像させるという理由で敬遠されるものだと分かりました。キリスト教徒の夫は私の耳が好きだといってくれるのに、悪魔だなんてヒドイ！

耳なだけに思わず「イヤー！」と叫んでしまいました☆

三月四日【円の日】

「円の日」は、一八六九年のこの日、明治政府が貨幣の形を円形に統一すると定めたことに由来します。制度の関係者は「円貨でエェんか？」と何度も相談したかも知れません。

「円」とは、仏教において完全なことを意味し、天台宗では、根本経典である『法華経』を表す言葉でもあります。そのため天台宗は正式名称を「天台法華円宗」といいます。

また、この日は「バウムクーヘンの日」でもありますが、この記念日は、一九一九年にドイツ人のカール・ユーハイム氏が広島県物産陳列館にドイツの伝統菓子であるバウムクーヘンを出品したことに由来する記念日です。「円の日」が、まあるい「バウムクーヘンの日」と一緒だなんて、なんとも不思議ですね。

そしてさらに、この日は日本残業協会（！）が、「三（さ）」と「四（し）」の語呂合わせから、「差し入れの日」としています。是非、残業で「え～ん！」と泣きそうな同僚に「バウムクーヘン」を「差し入れ」して、笑顔になってもらいましょう♪

「円」は私たちの生活に欠かせないものですが、やはり、一番大切にしたいのは、身近な人とのアリガタ～イご「縁」ですネ☆

三月五日【産後ママスマイルデー】

「産後ママスマイルデー」は、「健康と情報の力で、全国の産後ママの笑顔を咲かせる」というビジョンのもと、産後ママの体と心のケアを促進するものです。

新しい命が誕生した際、「母子ともに健康」と表現することがあります。なぜなら、母親が無事に出産をすることは、今も昔も、決して当たり前のことではないからです。

実はお釈迦様の母・マーヤーさんは、お釈迦様を出産してから七日後に、産後の肥立ちが悪く、亡くなってしまったと伝えられています。私も一児の母ですが、息子を出産するときに体調を崩し入院したため、そのときはマーヤーさんのことを考えたものでした。幸い、私は命は大丈夫でしたが、それでも、産前産後を比べると、体重が七キロも減っていました。そのため、産後、洋服を買いにいったところ、いつもは十一号の服でピッタリだったはずの体が、十一号だと大きく感じました。とはいえ、九号の服では小さくて入りません。だからあのときは、十一号と九号の間のサイズがあれば良いのに……と思ったものですが、その瞬間、はじめて分かったのです。

これが本当の「産後十号（三×五＝十五）」とネ☆

三月六日【弟の日】

漫画家・畑田国男氏によって制定された記念日です。その他「兄の日」は六月六日、「妹の日」は九月六日、「姉の日」は十二月六日とされています。

「弟子」という言葉には「弟や子のように師に従う者」という意味があります。お釈迦様には、「多聞第一」と呼ばれたアーナンダというお弟子さんがいました。彼は、イケメンであるがゆえに苦労したお坊さんでもあります。

あるとき、彼に一目惚れした女性が、彼をなんとか自分の夫にしたいと考え、魔術師である母親に頼み、彼に魔法をかけてもらいました。その魔法のせいで、彼は修行を妨げられてしまったのです。そこで、お釈迦様が女性にいいました。「アーナンダの容姿は、いつか滅びゆくものです。それを愛することは虚しいことではありませんか」――これを聞いた女性は改心し、お釈迦様の弟子になったといいます。

ところで、私の夫は九歳年上ですが、よく、弟に間違えられます。そこで先日、夫に「弟とよく間違えられてるよ？」というと、夫がいいました。

「では、これからは夫でもなく弟でもなく、『オットット』と名乗ります」。

三月七日【さかなの日】

この日は「サウナの日」でもあります。サウナで心身のコンディションを整えたあとは、魚中心の和食を摂って食生活を整える日にしたいですね。

魚へんに花と書いて「ホッケ」――その由来は諸説ありますが、「鎌倉時代、日蓮宗の僧侶が蝦夷地で大漁祈願をした結果、獲れるようになった魚なのでホッケという名前になった」、また「僧侶が蝦夷地を去るときに現地の人への御礼としてこの魚を獲れるようにしたのでホッケになった」と伝えられています。

ちなみに先日、ラジオから『おさかな天国』が聴こえてきたので、思わず口ずさんだところ、仕事で疲れていたのか、♪サカナ、サカナ、サカナ、サカナを食べると♪の部分を♪アタマ、アタマ、アタマ、アタマを食べると♪と歌っていました。そこで、間違いに気づいた瞬間、夫にいったのです。「私、アホやわ！　♪アタマ、アタマ、アタマ、アタマを食べると♪って歌ってたわ！　……でも、アタマを食べると、どうなるんやろうね？」すると夫。「きっと、サカナが良くなるんでしょうね！」

夫婦そろって魚を食べて、頭を良くする必要がありそうです。

三月八日【国際女性デー】

一九七五年三月八日、国連で提唱された女性解放を目指す国際的な連帯行動の日です。政治上、経済上、社会上の男女平等の達成を目指して提唱されました。

あらゆる宗教で掲げられている「平等」。しかし現実には、その宗教が成立した時代背景の影響を受ける教義が男女平等を遠ざけている面もあるため、宗教界は男女平等を提唱するだけでなく、「実現の努力」と「解釈のアップデート」が必要です。

たとえばこれまで、お寺の総代さんは男性の高齢者ばかりでした。そこで私のお寺では、性別や年齢で役割分担をせず、個々の能力で総代をお願いすることにしました。今では、五十代と六十代の女性二名、五十代の男性一名にその役をお願いしています。先例がなくても、変えられることを変えられる人から変えていくことも大切です。

先日、とある男性から「今の日本では、生きづらい女性が多いと思います。だからこれは、女性のために遣ってください」と、ご寄進をお預かりしました。でも、私はこれを「ご寄進」とは呼びませんん。だって、女の人のためにとお預かりしたお金です。これが正真正銘の「助成金（女性金）」と呼んでいます☆

三月九日【脈の日】

この日は「ミックスジュースの日」でもあります。東京では「ジュース」といえば「オレンジジュース」ですが、大阪では「ミックスジュース」です♪

仏教では、師匠から弟子へ正しい法が受け継がれることを「血脈」といいます。

長野県の善光寺では、本尊・善光寺如来様の分身といわれる三判の宝印、いわゆる「お血脈」を授かることができますが、古来、お血脈を額に押しいただいた者は極楽往生が約束されるといわれ、多くの人がこの印を授かってきました。

古典落語『お血脈』は、善光寺で沢山の人が血脈の印をさずかり極楽へ往生したことにより、地獄が開店休業状態になってしまうというお噺です。そこで、閻魔大王様が地獄在住の石川五右衛門さんに善光寺から血脈の印を盗み出すよう命じますが、善光寺に忍び入った石川五右衛門さん、血脈の印を手にしたところ、つい、気分が盛り上がってしまいました。そこで、大好きな芝居の真似事をするうちに、思わず「南無阿弥陀仏～！」と血脈の印を額にいただいてしまったのです。

その結果、石川五右衛門さん、盗みに入ったというのに、極楽へ往生いたしました☆

三月十日【農山漁村女性の日】

この日は「砂糖の日」でもあります。「砂糖」の語源はサンスクリット語の「さとうきび」を意味する「サルカラ」に由来するといわれています。

農林水産業や農山漁村で働く女性の地位向上を目的とする「農山漁村女性の日」――日付は、三月上旬が農閑期であることに加え、一説には、女性の休息日でもあった「女人講」が十日に開かれることが多かったことから、三月十日になったといわれています。「講」とは、「念仏講」や「稲荷講」など、神仏を信仰する団体や会合を意味する言葉ですが、「女人講」とは、女性たちだけで作られた信仰の集いの場でもありました。

ところで漁業といえば、以前、マッサージへ行った時のことです。施術前、マッサージ師さんに「私、尼さんなんです。だから、髪の毛がありませんが、ビックリしないでくださいね」というと、マッサージ師さん。「僕、尼さんに初めて会いました！　どこの海でお仕事してるんですか？」――なんと、「海女さん」と間違えられたのです！　それにしても、尼さんが海女さんをやるとしたら……その場合……拝む仏様は「カイサンブツ」で決まりでしょうネ！

三月十一日

【パンダ発見の日】

この日は、二〇一一年三月十一日に発生した「東日本大震災」をきっかけに、「いのちの日」にも制定されています。

以前、上海公演へ行った時のことです。はじめはパンダに全く興味のなかった私ですが、帰国する頃にはすっかりその可愛さの虜となり、空港で一番大きなパンダのぬいぐるみを買っていました。パンダという言葉は、ネパール語で「竹を食べるもの」という意味があり、そう聞くと、仏教と関係がありそうですが、実はパンダとご縁が深いのは、キリスト教の神父さんです。

一八六九年のこの日、宣教中だったフランス人のアルマン・ダヴィド神父は、四川省の村で「白黒の熊」とよばれる白黒の大きな動物の毛皮を目にしました。そこで、博物学者でもあった神父は、翌年、その毛皮や骨をパリ国立自然史博物館に提供したところ、この生き物は熊の一種ではなく、別の「種」（生物分類の基本的単位）であることが分かったのです。この新種の発見には、神父さんも現地の人もビックリして、パンダなだけに、思わず目を白黒させたことでしょうネ☆

三月十二日【サイフの日】

この日は他にも、「半ドンの日」に制定されています。一八七六年三月十二日、官公庁で土曜半休・日曜休日制が実施されたことに由来します。

「古いお財布は、そのまま捨てても良いんですか？」――このようなご質問をいただくと、とても嬉しい気持ちになります。なぜならそう考える背景には、物に対して「お世話になった」という感謝の気持ちがあるからです。

では、実際にどうしたら良いのかというと、「財布供養」を行う神社仏閣が全国各地にあり、郵送で受け付けているところもあるので、是非、供養していただきたいと思います。

ちなみに財布といえば、以前、私がいつも先輩として食事をご馳走している後輩落語家S君が、自分の独演会に私をゲストとして呼んでくれたことがありました。そこで、嬉しくも照れくさかった私は「さては、打ち上げ代を私に払ってもらおうという魂胆やね？　では、団姫姉さんはその日はお財布を忘れていきます♪」といってみました。すると、S君が叫んだのです。「財布姉さん！お願いですから、団姫忘れんとってください！」――財布なだけに、なんともゲンキンな後輩です！

三月十三日【お父さんの日】

毎年、六月第三日曜日は「父の日」ですが、それ以外に、毎月十三日も「お父さんの日」に制定されています。

あるとき、沢山の子どもが暮らす家が火事になりました。しかし、幼い子どもたちは火事の恐ろしさを知らず、遊ぶことに夢中で、家から逃げようとしません。そこで、子どもたちの父親がいったのです。「門の外には羊の車、鹿の車、牛の車がある！　外に出てきたらこの車をあげよう！」――これを聞いた子どもたちはいっせいに外へと駆け出しました。そして、父親は子どもたちに、羊の車、鹿の車、牛の車とは比べ物にならない、素晴らしい車を与えたのです。

このお話は『法華経』に登場する「三車火宅」という譬え話で、父親はお釈迦様を表しています。お釈迦様は、貪り、怒り、愚かさという毒の炎に気付かず、目の前の快楽に溺れる子ども＝衆生を、なんとか救い出そうとしてくださっている、というのですネ。

それではここで、「父」にまつわる英語のクイズです。「My father is my mother」これを日本語に訳してみましょう！　正解は……？　「私の父は、わがまま（我がママ）です」☆

三月十四日【円周率の日】

この日は、円周率にちなんで「数学の日」とされているばかりでなく、円周率の「π」から派生して「パイの日」にも制定されています。

「小学校で習う円周率が三になるらしい！」——今から約二十年前、世間に衝撃の噂が流れました。しかし、これは「必要に応じて三で計算することも可能にするため」の学習指導要領の改訂であり、実際には、円周率を三．一四で計算することに変わりはなかったといいます。ゆとり教育という時代背景とも重なり、世間に誤解が広まってしまったのですね。

ちなみにキリスト教の『聖書』には、円周率についての記述があるといわれています。『旧約聖書』の「列王記」には「それから、彼は鋳物の『海』を作った。縁から縁まで十キュビト。円形で、高さは五キュビト。周囲は測り縄で巻いて三十キュビトであった」……と浴槽を作った記述があり、これを計算すると、なんと、円周率は「三」になるのだそうです！　円周率の桁数は今日も更新され続けていますが、これを覚えるためには、何度も口に出して覚えることが大切です。やはり「円周」率なだけに、繰り返しの「演習」が有効でしょう☆

三月十五日【眉の日】

「眉の日」は、サロンで眉を整える文化を普及させることを目的とした記念日です。「最高（三一五）の眉、最高（三一五）の笑顔」などの語呂合わせに由来します。

仏教には「不惜身命」という有名な言葉があります。これは「菩薩は人々を救うために自身の身命を惜しまない」という意味ですが、一方、「不惜眉毛」という教えはあまり知られていません。なんでも、仏法をあまり説きすぎると法を傷つけ、罰が当たって眉毛が抜けるといわれているそうですが、その前提のもと、眉毛が抜けるという罰を恐れず「思いきって法を説きなさい」という禅の教えなのだそうです。

また、似たような話で「老僧は眉毛を惜しまない」と聞いたことがあります。これは、説法などで沢山話しをすると心臓に負担がかかり、心臓に負担がかかると眉毛が抜けるという前提から、それでも、老僧たちは眉毛＝心臓＝命を惜しまずに法を説き続けるものだ、という教えなのです。

法話では、つい守りの姿勢に入りがちな私ですが、この記念日を境に、眉は「カット」して整え、心は「カットー（葛藤）」を乗り越えて、どんどんと法を説いていこうと思います☆

三月十六日【ミドルの日】

この日は、ミドル世代の男性の生き方を応援する記念日です。定義はさまざまですが、最近では、主に三十代〜五十代を「ミドル」と呼ぶのだといいます。

「ミドル」の語源は「極端、限界、端から等距離にある点または部分」を表す古英語で、「中央」や「中心」、「中間」を意味する言葉だといわれています。また、仏教では「中道」という教えがありますが、これは決して「中間」や「中立」という意味ではありません。

「中道」とは「二つのものの対立を離れていること。とらわれを離れ、きびしく公平に現実を見極め、正しい判断・行動をなすこと」ですが、お釈迦様は修行者たちに「愛欲や快楽」、そして「肉体を追い詰めるような苦行」という二つの極端から離れるよう説かれました。また、お釈迦様は、琴の弦は、締めすぎず、緩めすぎず、ほどよく締められてこそ、良い音が出ることを例えに、修行者の精進もそうあるべきと説かれました。

私たちは公平に現実を見極めることが難しい生き物です。だからこそ、自分が対立するものの一方（side）にいると自覚したときは、物事を「再度」見極めたいものですネ☆

三月十七日【みんなで考えるSDGsの日】

SDGsとは、「持続可能な開発目標」という意味で、よりよい世界を目指す国際目標です。「みんな（三）」で「十七」のゴールを実現しようという語呂合わせから制定されました。

宗教的背景を持たないSDGs。しかし、「誰ひとり取り残さない」という基本理念は、宗教という枠組みを超えて、人類が取り組むべき課題だといえるでしょう。

十七の目標は以下のとおりです。

①貧困をなくそう②飢餓をゼロに③すべての人に健康と福祉を④質の高い教育をみんなに⑤ジェンダー平等を実現しよう⑥安全な水とトイレを世界中に⑦エネルギーをみんなに、そしてクリーンに⑧働きがいも経済成長も⑨産業と技術革新の基盤を作ろう⑩人や国の不平等をなくそう⑪住み続けられるまちづくりを⑫つくる責任、つかう責任⑬気候変動に具体的な対策を⑭海の豊かさを守ろう⑮陸の豊かさも守ろう⑯平和と公正をすべての人に⑰パートナーシップで目標を達成しよう

どの目標も、一人一人の努力によって持続可能にできるものばかりです。ちなみに仏教界では、住職と一緒にお寺を護ってくれる家族のことを「寺族《じぞく》」と呼ぶのですヨ♪

三月十八日【防犯の日】

毎月十八日は「防犯の日」です。日付は「一」を棒に見立てて「防」、「八」を「犯」として防犯の日となりました。私も敬老会では「防犯落語」を演じるようにしています。

警察では、日々、犯罪を抑止するため、様々な策を講じています。「抑止」とは、もともと仏教用語で「おくし」と読み、仏様が「悪事を抑え止めて戒める」という意味がありました。仏教用語としての「抑止」は「罪を犯させない」という慈悲の視点を感じますね。とはいえ、現実の世の中では犯罪が溢れているため、私たち住民も防犯を実践する必要があります。特に詐欺の場合、被害者の多くが途中で詐欺を疑うものの、「まさか自分が詐欺に引っかかるわけがない」と考え、せっかくの疑念を打ち消してしまうといいます。また「相談するのは恥ずかしい」という思いや「家族に叱られる」という不安から、被害を泣き寝入りする人も少なくありません。被害に遭うことは決して恥ずかしいことではありませんので、少しでも「おかしい」と感じたら、身近な人や警察に相談することが大切です。

相手は「サギ」でも、自分が「カモ」にならないよう、気をつけましょうネ！

三月十九日【カメラ開発記念日】

一八三九年のこの日、フランスの画家で写真家であったルイ・ジャック・マンデ・ダゲールが写真機を開発しました。

カメラの大手メーカー「キヤノン」は、仏教と深いご縁があることをご存じでしょうか？

キヤノンの公式HPによると、一九三三年に会社が設立された際、カメラの最初の試作機に名付けられたのが「KWANON（カンノン）」という名前でした。この名前には、「観音様の御慈悲にあやかり世界で最高のカメラを創る夢を実現したい」との願いが込められていたそうです。その後、世界で通用するブランド名が必要になったため、一九三五年に「キヤノン」（Canon）となりましたが、「Canon」には、英語で「聖典」「規範」「標準」という意味があります。

ちなみに、「ハイ、チーズ！」という言葉は、もともとイギリスやアメリカなど、英語圏で使われていた写真撮影の掛け声「Say cheese」に由来するものだといわれていますが、ここだけの話、僧侶が集まって写真を撮るときは、「ハイ、ボーズ（坊主）！」と掛け声をかけるのですよ☆

三月二十日【国際幸福デー】

この日は、「幸せの国」と呼ばれる仏教国ブータンに由来する記念日で、世界がより幸福であるよう願うとともに、「幸福とはなにか」を考える日でもあります。

「あなたにとって、幸福とは何ですか？」――そう聞かれたとき、あなたはどのように答えますか？　日本国憲法では「幸福追求権」というものが定められており、これは「すべての国民が幸福を追求する権利」です。人権の観点からいえば当然のことですが、憲法において「人間には幸せになる権利がある」ということを再認識することは、疲れた心、傷ついた心に再び立ち上がる力を与えてくれるものだと思います。

ちなみに『広説佛教語大辞典』によると、漢訳仏典には「幸福」という言葉自体は見当たらないものの、「楽」「安楽」「利」「吉祥」が相当するとあります。そういわれてみると、私は毎晩、夫と手を繋いで眠る瞬間がとても幸せですが、これは「安楽」という幸福なのだと思います。

でも、夫との幸福はそれだけではありません。料理上手な夫のおかげで、私は毎日「幸福」であり、「口福」でもあるのですヨ☆

三月二十一日【春のお彼岸】

春のお彼岸は春分の日、秋のお彼岸は秋分の日を「お中日」として、それぞれ、お中日の前後三日間を足して、計七日間となります。

「彼岸」とは「悟りの世界」を意味する言葉で、私たちがいるこの世界のことを「此岸」といいます。お彼岸とは、「此岸（迷いの世界）」にいる私たちが、「彼岸（悟りの世界）」へ行くため、仏道修行に励む期間なのです。では、具体的にどのようにすれば良いのかというと、仏教では、お中日に先祖供養をし、前後の六日は「六波羅蜜（布施・持戒・忍辱・精進・禅定・智慧）」の教えを実践することをすすめています。

そういえば、私は以前、お彼岸のお中日に虫垂炎になったことがありました。このときはＣＴ検査で虫垂炎が判明→手術という流れでしたが、後日、虫垂炎は病院によってはエコー検査をする場合もあると知りました。ＣＴもエコー検査もそれぞれに役割がありますが、せっかく（？）お彼岸のお中日に検査をするのなら、エコー検査のほうが良かったと思いました。

そのこころは……？

お彼岸なだけに、検査は「エコー（回向）」が良いでしょう☆

三月二十二日【感動接客の日】

この日は「サー（三）ビス」「ニ（二）コ」「ニ（二）コ」という語呂合わせから制定された記念日です。良いサービスはお互いの笑顔を生みますネ♪

数年前、深夜にタクシーを利用したところ、降車時に運転手さんからいわれました。「よろしければ、玄関に入られるまで車内より見守りいたします」――これは、女性が帰宅時に玄関で痴漢被害に遭わないための取り組みだそうで、これは私にとって忘れられないサービスになりました。

ところで、私たちは人をおもてなしするときに、「接待」という言葉を用いることがあります。これはもともと仏教の習慣からできた言葉で、布施行のひとつとして、修行僧に門前で湯茶を供することをいいました。現在でも、四国のお遍路さんには地元の人からの「接待」が行われています。

本来の「接待」は見返りを求めない布施の精神で行われるものですから、ビジネスとしての「接待」とは、また違う意味を持っているのですネ！　それではここで、以前、川柳会で「おもてなし」という題が出たときに夫が詠んだ川柳をご紹介いたします。

【おもてなし　ウラがあっても　おもてなし】

三月二十三日【勢至菩薩様のご縁日】

毎月二十三日は勢至菩薩様のご縁日です。また、この日は「世界気象デー」に制定されていますが、世界気象機関（ＷＭＯ）は、気象観測や気象資料の交換を行う世界組織です。

「せいしまるさま、おはようございます！」――小さい頃、私は毎朝、自身が通う浄土宗寺院が運営する幼稚園の玄関で、このようなご挨拶をしていました。「せいしまるさま」とは、浄土宗の開祖・法然上人のご幼名ですが、これは勢至菩薩様に由来するお名前なのです。

勢至菩薩様は智慧の光で遍く一切を照らし、餓鬼道、畜生道、地獄道の「三悪道」から衆生を救いとってくださる仏様で、「勢至」には、智慧の「勢」いで悟りの世界へ「至」らしめる、という意味があります。

また、法然上人が開かれた浄土宗は阿弥陀如来様をご本尊とする宗派ですが、阿弥陀如来様の教化をお助けする「脇侍」と呼ばれる仏様は「観音菩薩様」と「勢至菩薩様」とされています。

ちなみに、勢至菩薩様は午年生まれの方の守り本尊様ですから、午年の方は勢至菩薩様をお参りすると、いろんなことが「ウマ～く」いくかもしれませんヨ☆

三月二十四日【壇ノ浦の戦いの日】

一一八五年のこの日、源平最後の合戦「壇ノ浦の戦い」が行われました。この戦いで平氏は源氏の軍に敗れ、安徳天皇と二位尼は三種の神器とともに入水したと伝えられています。

壇ノ浦の戦いといえば『平家物語』です。この物語には平家一門の栄華とその没落・滅亡が描かれていますが、実は、仏教的要素が多く含まれています。たとえば、冒頭の「祇園精舎の鐘の声」です。「祇園精舎」とはスダッタという長者がお釈迦様と僧団のために建てた僧坊のことで、多くの説法が行われた地です。また、「諸行無常の響きあり」の「諸行無常」は、仏教の根本原理といえる「三法印」のうちのひとつとされる大切な教えで、「諸々のつくられたもの（諸行）は無常である」、「万物は常に変転してやむことがない」という意味があります。

ちなみにこの日は「連子鯛《れんこだい》の日」でもありますが、これは、壇ノ浦の戦いのとき、入水した平家の女性たちが連子鯛に化身したという伝承によるものです。入水を選ばざるを得なかった女性たちの無念を思うと、私たちは「戦はしてはならない」と、何度も何度も、後世まで「連呼」していかねばなりませんね。

三月二十五日【笑顔表情筋の日】

みんな（三）でニコニコ（二五）の語呂合わせから制定された記念日です。すべての人が自分の笑顔に自信を持って健康な人生を楽しんで欲しいという願いが込められています。

先日、運転免許証の更新をしてきました。更新時には毎回、証明写真を撮りますが、このとき私が参考にしているのが、仏像の表情として有名な「アルカイック・スマイル」です。「アルカイック・スマイル」は、ギリシャのアルカイック期の彫像に顕著な口もとに微笑を浮かべたような表情のことで、飛鳥時代の仏像にもよくみられます。

また、「笑顔」といえば、仏教には「和顔施」という教えがあります。これは「無財の七施」のひとつで、にこやかな顔で人に接する、ということです。笑顔は相手の気持ちを和やかにしますね。世の中には素敵な笑顔があふれていますが、なかでも、いつも感心させられるのが、フィギュアスケート選手の笑顔です。筋肉は寒いところでは硬くなるため、表情もこわばりがちですが、選手たちは、寒いリンクの上でもとびきりの笑顔で演技をしています。やはり、フィギュア選手なだけに「表情（氷上）」を大切にしているのですネ☆

三月二十六日【食品サンプルの日】

この日は「サン（三）プ（二）ル（六）」の日付に合わせ制定された記念日です。食品サンプルは「料理模型」として大正時代から昭和初期にかけて誕生しました。

「サンプル」には「見本」という意味があります。食品サンプルは、メニューの文字だけでは想像しにくいものを、目で見てパッと分かりやすくする画期的なアイデアでした。

しかし、「目で見て分かる」工夫をしてきたのは、食品業界だけではありません。実は仏教界も、識字率が低かった時代、さまざまな工夫をしてきたのです。その代表的なもののひとつが、『般若心経』を絵で表した「絵心経」でしょう。これはどのようなものかというと……？ まず、絵心経の冒頭は、ご飯を炊く「お釜」の絵からはじまります。「かま」がひっくり返っているので、「まか（摩訶）」と読ませ、「はんにゃ」は「般若のお面」、「はら」は「お腹」……と、続いていくのです。

他にも、お寺のなかには涅槃図や地獄絵図など、お経の内容を分かりやすく示す工夫がちりばめられています。

「サンプル」も「テンプル（寺）」も、どちらも、皆さんを導くためにあるのですネ☆

三月二十七日【祈りの日】

この日は、『日本書紀』に記載された礼拝供養に関する詔の日付から制定された記念日です。古来、「祈り」とは「意を宣言する」＝「意（い）宣（の）り」でもあるといわれます。

「住職になって良かったことは何ですか？」——先日、新聞の取材でこのように聞かれ、思わず悩んでしまいました。なぜなら私は、住職になるためにお寺を建てたわけではないので、その役割を良し悪しで考えたことがなかったのです。しかし、よく考えてみると、住職になって有難いのは、多くの人の祈りの瞬間に立ち会えることだと思いました。私はいつも、祈りを捧げる人たちの尊い姿を見ながら、胸がいっぱいになります。

ところで以前、夫がキリスト教会へ行ったところ、牧師さんから「『どうか○○が○○になりますように』という自分都合の祈りは通称『どうかの祈り』と呼ばれ、好ましくありません。望ましいのは、神様への賛美と悔い改め、感謝と願いを内容とした祈りです」と教わったそうです。そこで夫に、「望ましい祈り」には名前があるのか聞いてみると……？

「ハイ、『どうか（銅貨）の祈り』に対して、良き祈りを『金貨の祈り』と呼ぶそうです☆」

三月二十八日【シルクロードの日】

一九〇〇年のこの日、スウェーデンの探検家であり地理学者でもあったスウェン・ヘディン氏によってシルクロードの古代都市・楼蘭《ろうらん》が発見されたことに由来する記念日です。

中央アジアを横断する東西交通路シルクロード。「絹の道」という名称は、古代中国の特産品であった絹がこの道を通り、西アジアを経てヨーロッパ・北アフリカへもたらされたことに由来します。

そのシルクロードを通って天竺（インド）へ行き、沢山のお経を招来したのが、中国唐代の僧侶・玄奘三蔵法師です。玄奘三蔵法師は唐へ戻ると招来した仏典の翻訳に生涯つとめました。現在、日本で親しまれている『般若心経』は、玄奘三蔵法師の訳もあるのです。

また、小説『西遊記』のもととなった玄奘三蔵法師の『大唐西域記』は、マルコ・ポーロの『東方見聞録』、慈覚大師円仁（十一月十二日参照）の『入唐求法巡礼行記』とともに、世界三大旅行記とされています。十五年以上の旅を続けた玄奘三蔵法師。やはり、僧侶なだけに、その人生には「足袋（旅）」が付きものだったのですネ☆

三月二十九日【八百屋お七の日】

一六八三年のこの日、江戸で八百屋の娘・お七が火あぶりの極刑に処されました。お七は恋する男性に会うため、自宅に火を放ったのでした。

昔から、「丙午《ひのえうま》の女性は気性が激しいために夫を殺す」といわれますが、これは、お七が丙午の年の生まれとされたために広まった迷信だといわれています。しかし、この迷信は、迷信では済まされないものとなってしまったのです。

たとえば、丙午であった一九〇六年。この年は「我が子を丙午生まれにしないように」という「産み控え」が起こり、出生率は前年に比べて四％減少しました。そして、その年に生まれた女性が結婚適齢期になると、迷信の影響で、丙午であるがゆえに縁談を破談にされるという悲劇が起こり、その結果、自死する女性もいたといわれています。さらにその影響で、六十年後の丙午の年は出生率が二十五％減少したのです。

お七の放火は罪深いものですが、迷信で人を追い込む社会も罪深いものです。「火事」で未来を掴もうとしたお七ですが、このようなときこそ、僧侶の「加持」祈祷で、明るい未来を切り開いて欲しかったですね。

三月三十日【マフィアの日】

「マフィアの日」は一二八二年にイタリアで起こった「シチリアの晩鐘事件」に由来して制定された記念日です。

「極道」とは、もともと仏教用語で、「仏道を極める」という意味を持ちます。また、「その筋の人」の間では、「破門」という言葉も遣われますが、これも本来は、仏教において、教団や宗派から僧侶を追放することをいいました。「破門」は私たち落語界の師弟関係においても使われる言葉なので、私はその文字を見るだけでもビクッとしてしまいます。ちなみに破門といえば、落語界でたまに起こるのが、誰かが弟子を破門すると、なぜか他の師匠がたが、自分の弟子にいつも以上に厳しくなる、という現象です。なぜこのようなことが起こるのかというと、おそらく、真面目な師匠ほど、他の師弟関係の厳しさを見ると、「うちの弟子も、もっと厳しく指導しなければ！」と考えるからだと思います。これは弟子たちにとって恐ろしい影響ですが、師匠方のお気持ちも分かるので、この現象を若手落語家の間では「破門の波紋」と呼んで、うま～く乗り越えているのですヨ☆

三月三十一日【オーケストラの日】

この日は「み（三）み（三）にイチバン」の語呂合わせで制定された記念日です。春休みは親子揃ってオーケストラを聞きに行くのも良いですネ♪

仏教の浄土信仰では、臨終の際、阿弥陀様がお迎えに来てくださるといわれています。しかも、阿弥陀様だけではありません。他にも、二十五の菩薩様が雲に乗ってお迎えに来てくださると伝えられていますが、その様子が描かれたものを「来迎図」といいます。

来迎図を見てみると、特徴的なのは、菩薩様がたがそれぞれ独自の楽器を奏でている、ということです。楽器は笙や横笛、琵琶、箏、大太鼓、鈸、鉦鼓など、雅楽の管弦に欠かせない楽器が中心となっており、その様子はまさに「仏様のオーケストラ」といえるでしょう。ちなみに私のお寺の襖絵には、来迎図ではありませんが、天女たちが落語の鳴り物である三味線や銅鑼を演奏しながら舞い降りてくる絵が描かれています。お寺の絵には、それぞれ意味があるのですネ！

それではここで謎かけをひとつ。「オーケストラ」とかけて、「日本の特徴」ととく、そのこころは、どちらも「指揮（四季）」を大切にするでしょう♪

四月

四月一日【エイプリルフール】

嘘をつくことを「法螺を吹く」といいます。「法螺」はもともと「ほうら」といい、「法螺を吹く」とは、仏教においてお釈迦様の説法が遠くまで響き渡ることも意味しました。

「嘘も方便」ということわざがあります。現代では「多少の嘘は許される」といった意味で用いられますが、本来は、「方便」は「巧みなてだて」という意味を持ち、お釈迦様が人々を導くために用いられた「良い嘘」に由来する言葉です。そう考えると、エイプリルフールは、誰かが不快になるような嘘ではなく、思わず笑顔になってしまうような、ユニークな嘘をつく日にしたいものですね。

また、英語では、悪気や罪のない嘘のことを「白い嘘」というそうですが、日本では「嘘」の色は「真っ赤（な嘘）」と決まっているので、なんだか不思議です。

ちなみに、古典落語には『鉄砲勇助』という「嘘つき」のお噺があります。古くは「嘘」のことを「鉄砲を撃つ」といったことに由来する演題ですが、なぜ「嘘」が「鉄砲」なのかというと……？　そのこころは、嘘も鉄砲も、どちらも、「あたったら怖いから」だそうですよ☆

四月二日【イースター】

イースターの日付は「春分の日のあとの最初の満月の直後の日曜日」とされているため、毎年三月二十二日〜四月二十五日の間のいずれかの日曜日がイースターとなります。

この季節になると、スーパーなどで「春を祝うお祭り！　イースター」という広告を見かけます。ところが宗教的には、イースターは「春を祝うお祭り」という単純なものではなく、キリスト教において、重要な意味を持つ日なのです。というのも、キリスト教では、イエス・キリストは十字架にかけられ処刑されたのち、三日目に復活したとされていますが、その「イエス・キリストの復活を祝う祭り」が「イースター」であり、キリスト教の「三大祝日」のひとつとされているのです。

また、チリにはモアイ像で有名な「イースター島」がありますが、これは、一七二二年、オランダ海軍がこの島を発見した日がイースターであったことから、イースター島と名付けられたといいます。ちなみにモアイといえば、先日、新年度を機に転職をした友人に、明るい未来を祈ってモアイ像グッズをプレゼントしました。そのこころは……？

「いいスタート（イースター島）」が切れますように☆

四月三日【いんげん豆の日】

「禅宗」とは、「坐禅を中心とした修行を行う宗派」を表す言葉であり、正式な宗派名ではありません。一般的に「曹洞宗」、「臨済宗」、「黄檗宗」の総称として使われます。

京都府宇治市に位置する黄檗宗の総本山、萬福寺。ここでは、中国風の精進料理である「普茶《ふちゃ》料理」をいただくことができます。なぜ中国風なのかというと、黄檗宗の宗祖・隠元禅師が、中国・福建省の出身だからです。

隠元禅師は江戸時代の初期、六十三歳のときに二十名の弟子を伴い来日し、江戸時代の文化全般に影響を与えました。スイカやレンコン、たけのこ、木魚なども隠元禅師により日本にもたらされたものだといわれています。

そして、「いんげん豆」もそのひとつであったとされ、隠元禅師にちなんで「いんげん豆」と呼ばれるようになりました。「いんげん豆の日」は、隠元禅師の命日（一六七三年四月三日）に由来する記念日です。

私は昔から「いんげんの胡麻和え」が大好きなので、隠元禅師には感謝せずにはいられません。食文化に限らず、沢山の文化を日本にもたらした隠元禅師。禅僧として、きっと「マメ」なお坊さんだったのでしょうネ♪

四月四日【どらやきの日】

三月三日の「桃の節句」と五月五日の「端午の節句」にはさまれた四月四日。間にはさむ、ということから、あんこを間にはさむ「どらやきの日」となりました。

ドラえもんが大好きな「どらやき」。その名前の由来はというと、銅鑼の形を模しているから、という説や、弁慶が源平合戦に敗れて奥州へ逃げる際、ケガの手当てをしてくれた人に御礼として、熱した銅鑼で薄い皮を焼き、あんこを包んでふるまったから、という説もあります。

また、「銅鑼」は仏教の法要でも欠かせない楽器ですが、上方落語では、「はめもの」（効果音）のひとつとして、お寺の梵鐘の音や、ときには幽霊を表現します。

ところで、どらやきといえば、以前、東京の仕事へ行く際、主催者様へのお土産として、どらやきの皮が虎の模様になっている「とらやき」を持参したことがありました。

すると、これを受け取った主催者様がひとこと。「……私、巨人ファンなんですよ！」。そのとき初めて、「とらやき」が、阪神タイガース由来の大阪土産だったことに気が付きました。そこで、慌てていったのです。「ではどうぞ、トラを食いものにしてください」☆

四月五日【ヘアカットの日】

この記念日は、一八七二年、東京府が「女子断髪禁止令」を出したことに由来するものです。また、関連記念日として、三月八日は「散髪の日」に制定されています。

お釈迦様のお弟子さんに、元・散髪屋のウパーリさんという人がいました。その出家のキッカケとなったのは、とある「仕事依頼」だったのです。

あるとき、六人の男性がウパーリさんのもとを訪ねると、「私たちはこれからお釈迦様が滞在する林へと行き、出家を願い出ます。出家が許されたら剃髪をして欲しいので、一緒にきてくださ い」と頼みました。そこで、同行したウパーリさん。無事に仕事を済ませると、六人から「私たちの財産をあげよう」といわれましたが、そのときウパーリさんは、いかなる財産よりも尊い、仏法という宝に生きようと考え、自らもお釈迦様の弟子となる道を選んだのです。

出家したウパーリさんは一生懸命修行に励み、「持律第一」と呼ばれるようになりました。でも、ウパーリさんが優秀な僧侶になることは、最初から分かっていたことです。だって、もともとが散髪屋さんですから、「理髪（利発）」で間違いないでしょう♪

四月六日【城の日】

この日は「城の日」でもあり、「白の日」でもあります。また、「新聞をヨ（四）ム（六）日」にも制定されています。

『法華経』というお経に、お釈迦様が「お城」を用いて人々を導かれたという譬え話があります。その昔、宝物を目指す旅人たちがいました。しかし、道のりは遠く険しいため、途中で諦めてしまう者が後を絶ちません。するとそこへ、立派なお城が現れました。旅人たちはお城で心身を回復させ、再び歩き出し、無事、宝物に到達することができたのです。

この譬え話では、宝物は「悟り」を意味し、お城は、お釈迦様が旅人たちを悟りへと導くために出現させた「幻の城」だったと明らかにされています。つまりお釈迦様は、私たちの悟りへの道を、何度も何度も、あの手この手で励ましてくださるということなのです。

ちなみにお城といえば、私の住む兵庫県尼崎市では、二〇一八年、明治時代に取り壊された尼崎城が再建され、人情あふれる街の新たなシンボルとなりました。

だからこそ、私たちはこの街のことを「ジョー（城）のある街」と呼んでいるのです☆

四月七日【愛馬の日】

一九三九年～一九四五年まで政府主導で行われていた国民的行事です。戦後は秋分の日となりましたが、現在でも、この日にちなんだ様々なイベントが行われています。

釈迦族の王子様としてお生まれになったお釈迦様には、「カンタカ」という仲良しの白馬がいました。

カンタカはお釈迦様と同じ日に生まれたことからお釈迦様の馬となりましたが、お釈迦様が二十九歳のときにご出家されるまで共に時間を過ごし、お釈迦様のご出家を見送る役を務めました。そして、出家するお釈迦様を見送ると、その後すぐに死んでしまったといわれています。しかし、死後は天界に生まれたとも、バラモンの子に生まれ変わり仏弟子になったとも伝えられています。お釈迦様とずっと一緒に育ってきたカンタカ。もしもお釈迦様に「一番の親友は誰ですか？」とインタビューをしたら、「カンタカ」という答えが返ってくるかもしれません。

え？　でも、お釈迦様の親友が馬だなんて失礼だって？　そんなことありません！　だって、昔からいうでしょう？

これが本当の「竹馬の友」です☆

四月八日【花まつり】

仏教のシンボルは、お釈迦様の教えを意味する車輪形の「法輪」とされていますが、この日は偶然にも、「車輪」とご縁の深い「タイヤの日」にも制定されています。

四月八日はお釈迦様のご誕生を祝う「花まつり」です。

お釈迦様は今から約二六〇〇年前、釈迦族の王子様としてお生まれになりました。そのご誕生に際しては、生まれてすぐに七歩歩いて右手で天を指し、左手で地を指して「天上天下唯我独尊」といわれたというエピソードが有名です。この言葉には「私たち人間には、一人一人、それぞれにしかできない尊い使命がありますよ」という意味があります。

花まつりは誕生仏に甘茶を注いでお祝いをしますが、これは、お釈迦様がお生まれになったとき、竜王が空中から香水を注ぎ、お釈迦様の身体を洗われたことに由来します。

ちなみに我が家では、クリスマスは私がケーキを焼き、花まつりの日は夫と息子が仏教徒である私のためにホットケーキを焼いてくれます。これはお釈迦様のご誕生を祝うホットケーキですから、私はこれを「ホットケーキ」ならぬ「ほとけーき」と呼んでいます☆

四月九日【大仏開眼供養の日】

「奈良の大仏さん」は、正しくは「盧遮那仏」または「毘盧遮那仏」と呼ばれる、知慧と慈悲の光明を遍く照らしだす仏様です。

七五二年のこの日、華厳宗の大本山、奈良・東大寺で大仏さんの開眼供養が行われました。当時、世の中は災害や飢饉にみまわれ、人々は大きな社会不安を抱えていたため、聖武天皇が仏法の力によって国家の安穏をと考え、大仏造立が発願されたのです。

また、古典落語には、この大仏さんを題材とした『大仏の眼』というお噺がありますが、これは、大仏さんの眼が胎内へ落ちてしまったことから、子どもが大仏さんの眼から胎内に入り、中から眼を持ちあげ、大仏さんの眼をはめるというお噺です。しかし、これを見ていた人たちは、大仏さんの眼がなおったと喜ぶと同時に、心配になりました。なぜなら、件の子どもは眼から入って眼をフタしてしまったからです。そこで、「あの子どもはどうなってしまうのか……」と心配していると、子どもが大仏さんの鼻からツルン！　と出てきました。その賢さに一同は舌を巻きましたが、賢いはずです。眼から鼻へ抜けております☆

四月十日【良い戸の日】

全国建具組合連合会によって制定された記念日です。この日は建具職人の方々が高齢者の家庭や福祉施設、学校や保育園などで建具を直すボランティア活動を行っています。

今から十五年前、とある地方公演で、楽屋に寝泊まりをしていたことがありました。するとある晩のこと、震度四の地震が発生したのです。私は急いで楽屋口へ走りましたが、なんと、地震によって戸が歪んだのか、開けづらくなっていました。ところが翌朝、今度は別の楽屋口の戸を開けたところ、私の楽屋とは反対に、もともと歪んでいた楽屋口の戸が、地震によって引きやすくなっていたのです！　これには思わずズッコケました。

また、「戸」といえば「玄関」ですが、「玄関」はもともと仏教用語で「『玄』妙な道に入る『関』門」、つまり、奥深い仏道への入り口を表す言葉でした。そして、この言葉が次第に禅寺の客殿に入る門を指すようになり、明治以降は正面入り口のことを「玄関」と呼ぶようになったのです。

それではここでクイズです！　玄関でチャイムを押すときにするスポーツはなあに？

正解は……「ピンポン（卓球）」でした☆

四月十一日【ガッツポーズの日】

この日は、「し（四）っかりいい（十一）朝食の日」であるほか、一九二一年に改正度量衡法が公布された関係で「メートル法記念日」にも制定されています。

一九七四年のこの日、ボクシングのＷＢＣ世界ライト級タイトルマッチで、ガッツ石松氏がチャンピオンに勝利しました。このとき、ガッツ石松氏が両手を挙げて勝利の喜びを表したことから、「ガッツポーズ」という言葉が広まったといわれています。

また、仏教では「ポーズ」というと、仏像が両手でとるさまざまなポーズ＝「印相《いんそう》」が印象的です。

たとえば、両掌を上に向けて手を重ねている「禅定印」は、仏様が瞑想しているお姿を現していますし、胸の前で掌を見せる「施無畏印」は、「恐れることはありません」と、人々を安心させる意味があります。仏様のポーズは、私たちへのメッセージでもあるのですね♪

それではここで、謎かけをひとつ。

「ポーズ」とかけて、「市長」ととく、そのこころは、どちらも「姿勢（市政）」が良いでしょう☆

四月十二日【タイルの日】

令和四年に制定されたばかりの「タイルの日」は、一九二二年のこの日に「タイル」という名称が統一され、その日から百周年となることを記念して制定されました。

以前、タイ旅行に行ったときのことです。日本のお寺ではあまり見かけない、装飾タイルで美しく彩られた寺院の姿にビックリしました。

タイルの歴史は長く、最古のものでは古代エジプトのピラミッドの中でみられますが、日本への伝来は六世紀ごろ、仏教伝来とともに中国のタイルの原型とされる「塼《せん》」や「瓦」が伝わり、寺院建築に使われるようになったといわれています。そして次第に「敷瓦」として使われるようになったのです。仏教とともにタイルも伝わったとは驚きですね♪

タイで装飾タイルに魅了されてから、密かに「いつか自分のお寺にも装飾タイルを……」と憧れている私ですが、もしそうなったときは、施工は職人さんに任せず、自分の手でやってみようと思っています。え？　それはなぜかって？

私も住職ですから、責任を持って、「装飾（僧職）」をつとめます♪

四月十三日【喫茶の日】

一八八八年のこの日、東京・上野に日本で最初の喫茶店「可否茶館」がオープンしたことに由来する記念日です。

「喫茶喫飯」という禅の教えがあります。これは、「お茶を飲むときには目の前にあるお茶を飲むことに集中しなさい。ご飯を食べるときはご飯を食べることに集中しなさい」という意味で、目の前のことに集中する大切さ、つまり、修行の本質を表しています。

また、禅の教えには「喫茶去《きっさこ》」という言葉がありますが、これは、「喫茶し去れ」＝「お茶でも飲んで出直してこい！」という意味です。非常に厳しい言葉ですが、これがのちに「お茶でも召し上がれ」の意に解され、喫茶という日常の営みそのままが仏道を行じているのであるという意にとられるようになりました。

私は休日に喫茶店でホッとひといきつくこともありますが、そのようなときは、落語の着物や僧衣ではなく、洋服を着て帽子をかぶり、なるべく目立たない服装で行くようにしています。だって、私にとって喫茶店での一服は、「私服（至福）」のひとときですからネ☆

四月十四日【柔道整復の日】

一九七〇年のこの日、「柔道整復師法」が制定されたことに由来する記念日です。柔道整復師は、整骨院・接骨院や病院のほか、介護リハビリ分野でも活躍しています。

柔道の総本山といえば「講道館」。その歴史は東京・永昌寺というお寺の一画ではじまりました。講道館を開いたのは柔道の創始者・嘉納治五郎氏ですが、治五郎氏は体が弱かったことをきっかけに柔術をはじめ、のちに柔道をスポーツとして普及させただけでなく、講道館を、柔道を通して、社会貢献をできる心構えを養う場所としました。

また、武術や武道を行う場所を「道場」といいますが、これはもともと仏教用語で、菩提樹の下の金剛座、つまり、お釈迦様が悟りを開かれた場所のことを意味する言葉です。

柔術には、相手を倒す「殺法」と、相手から受けた痛みを治す「活法」がありますが、その「活法」の技術が、現在の柔道整復術へ発展していったといわれています。

それにしても、柔道整復師さんはいつも清潔な恰好をしていますが、やはり、「整復（制服）」はきっちりしているのですね♪

四月十五日【良い遺言の日】

「良い遺言の日」は語呂合わせによって制定された記念日です。関連の記念日としては、十一月十五日が「いい遺言の日」とされています。

数年前、とある講演会で「依存と信仰の違い」を尋ねられました。私は、その違いを紐解くヒントは、お釈迦様の遺言である「自灯明・法灯明」にあると考えています。

これは、「他者に頼ることなく、自己を拠り所とし、法を拠り所として生きよ」という教えですが、なぜ、法よりも自己が先なのかというと、己の中にこそ「悟りをひらく種」＝「仏性」があるため、まずは自分の心を調えたうえで仏法に生きよということなのです。

どれだけ素晴らしい教えであっても、自分自身をその教えに丸投げしてしまっては、それは「依存」に他なりません。しかし、自己を調えたうえで教えを生きることは、「信仰」と呼べるでしょう。

ちなみに、遺言のことは弁護士さんに相談するのが一番ですが、お金のことは消化器科の医師も頼りになるかもしれません。

そのこころは……？　やはり、消化器科なだけに「胃酸（遺産）」のことに詳しいでしょう！

四月十六日【エスプレッソの日】

この日は、国際カフェテイスティング協会が定めた「イタリア エスプレッソデー」に由来する記念日です。また、「コーヒーの日」は十月一日に制定されています。

イタリアでは、珈琲といえば、深煎り豆を極細挽きにして抽出したエスプレッソです。

現代では、世界各国で愛されている珈琲ですが、実はここだけの話、珈琲は「悪魔の飲み物」と呼ばれた時代がありました。

というのも、珈琲は千六百年頃、イスラム教圏からヨーロッパに伝わりましたが、キリスト教会は、イスラム教の儀式に使われる珈琲を良く思わず、また、その色や苦みに不信感を抱いたことから、珈琲を飲むことは悪魔に魂を売ることだと考えたのです。そこで、イタリアでは珈琲を禁止しようとする動きが高まりましたが、ローマ教皇クレメンス八世が珈琲を気に入り、キリスト教徒に珈琲の飲用を許可したことから、珈琲が認められることになりました。それにしても、もし本当に珈琲が「悪魔の飲み物」だったとしたら、アメリカンは良くても、エスプレッソは絶対に飲んでいなかったと思います。だって、悪魔の誘いに「深入り（深煎り）」してはいけませんからネ☆

四月十七日【なすび記念日】

「良（四）い（一）ナ（七）ス」の語呂合わせから制定された記念日です。徳川家康も大のナス好きだったそうですよ♪

数年前、農家の方から、「ナスは傷があるほうが良い」というお話を伺いました。というのも、ナスは傷付くと、その部分を回復させようとする過程で新たなポリフェノールが作られるため、傷の付いたナスのほうがポリフェノールが豊富なのだそうです。

私はこの話をはじめて聞いたとき、「人間も一緒だ」と思いました。なぜなら、私たちは長い人生の中で傷付くこともありますが、その傷に向き合い続けた人の傷跡は、誰にも真似できない「味」になっているからです。

比叡山で千日回峰行を二度満行された酒井雄哉大阿闍梨は「ムダなことなどひとつもない」と説かれましたが、心の傷も、きっと無駄にはならないと信じています。

ちなみに私は仕事のスタッフに賞与の通知を渡す際、その袋には「僧侶」と「ナス」の絵を描くようにしています。

そのこころは……？　これが本当の「ボーナス（坊ナス）」ということです☆

四月十八日【お香の日】

この日は他にも語呂合わせから「よいお肌の日」とされており、良い肌に関連して「毛穴の日」にも制定されています。

先日、とあるお寺で開催された落語会に出演しました。すると、法要の準備をしていたダジャレ好きのご住職が、お焼香の配置を決めながらいったのです。「お香はここへ置こう……」――思わずズッコケそうになりました。

毎年、四月十八日は「お香の日」とされています。この日付は、『日本書記』に「五九五年の夏四月、淡路島に沈水（香木）が漂着した」との記述があることと、「香」という漢字が「一」「十」「八」「日」と読み分けをできることに由来します。

仏教では、お香は仏様を供養する代表的なもののひとつですが、私たちにとって一番身近なお香は、やはり、「お線香」でしょう。

近年では、煙の少ないお線香や、お花の香りがするお線香など、さまざまな種類のお線香が販売されています。皆様も、是非一度、お仏壇屋さんでご自身のお気に入りのお線香を選んでみてください。お線香なだけに、「選考（線香）」は大切ですよ♪

四月十九日【食育の日】

「食育」とは、食材や食習慣、栄養など、食に関する教育を表す言葉で、二千年代から広くつかわれるようになった言葉です。

「ご馳走さまでした」――実はこの言葉は、「韋駄天さん」にまつわる仏教用語です。

韋駄天さんはもともとバラモン教の神様で、のちに仏法の守護神となられました。

韋駄天さんといえば「足が速い」ことで知られていますが、これは、お釈迦様の仏舎利を奪って逃げた鬼を追いかけ、その仏舎利を取り戻した、という俗説に由来します。

また、韋駄天さんは足の速さを活かし、僧侶たちのために食材を集めてまわってくれた心優しい神様ですが、その駆けまわる姿に敬意を表し、「馳走（駆け回る）」に「ご」と「さま」を付けて、「ご馳走様」という言葉になったのです。

私も子育てをする親として、日々、息子の「食育」には気を付けていますが、最近では、家族旅行の際、なるべく各地の郷土料理を食べるようにしています。だって、郷土料理をいただけば、「フード」（食べ物）とともに「風土」も学べますからネ☆

四月二十日【「聴く」の日】

この日は、大切な人の話を聴き、また、自分の話も周囲の人に聴いてもらう、「聴く」ことの大切さを社会に広めることを目的とした記念日です。

「聞く」と「聴く」——その違いは何でしょうか？　広辞苑を見てみると、「広く一般には『聞』を使い、注意深く耳を傾ける場合に『聴』を使う」とあります。つまり、積極的に聞く場合に「聴く」を用いるのです。英語であれば、「聞く」は「hear」、「聴く」は「listen」というところでしょうか。

浄土真宗では法話を聞くことを「お聴聞」といいますが、仏様のみ教えを聞く、そのお心を聞かせていただくということで、「お聴聞」をとりわけ大事にします。

落語も「観る」ではなく「聴く」ものだとされますが、私たちは話芸をはじめ、ニュースなど、いくら新しい情報を耳にしても、進んで耳を傾けなければ、何も得ることはできません。そしてなにより、他者に対して心遣いをできる人は、まずは相手の話をよく「聴く」ということを実践しています。

「気配り」の原点は、「『聴く』ばり」なのかもしれませんネ☆

四月二十一日【漬物の日】

毎月二十一日は「漬物の日」です。漬物の神様をお祀りする愛知県の萱津《かやつ》神社で毎年八月二十一日に「香の物祭」が行われていることに由来する記念日です。

新米の修行僧が苦労すること。それが、食事のあとにお茶碗にお茶やお湯を入れ、たくあんでお椀を綺麗にする「洗鉢」です。

たくあんは私たちにとって身近な漬物ですが、実は、仏教とも深いご縁があります。というのも、たくあんは、臨済宗の高僧・沢庵和尚によって発明されたことに由来する名だといわれているからです。

また、比叡山延暦寺では、「元三大師さま」と親しまれる、第十八代天台座主であった慈恵大師良源上人が考案したとされる「定心房」と呼ばれる漬物が伝えられていますが、これが、沢庵漬けのはじまりだという説もあります。

他にも、「貯え漬け」が転訛して「たくあん」となったという説もあるので、たくあんの世界は奥深いですね。

「それにしても、漬物のことに詳しいですね」って？　いえいえ、とんでもありません！　漬物なだけに「一夜漬け」で覚えました☆

四月二十二日【ダイヤモンド原石の日】

ダイヤモンドは四月の誕生石であることに加え、宝石業界では、ダイヤモンドを対に分けて磨くことから、双子の数字である「二二」と合わせて制定された記念日です。

「金剛力士」や「金剛界曼荼羅」など、仏教においてさまざまな場面で用いられる「金剛」という言葉。

「金剛」とは「ダイヤモンド」のことで、ダイヤモンドは金属のなかで最も堅固なものであることから、不変的な完全性や強さに譬えられます。

また、ダイヤモンドといえば、先日、結婚相談所に通う知人から、二人の女性の間で気持ちが揺れていると相談を受けました。

なんでも、ひとりはお嬢様タイプで、「結婚するなら婚約指輪のダイヤは大きいものでないとイヤだ」といい、もうひとりの女性は庶民的な明るい女性で、「婚約指輪なんていらない」というタイプなのだそうです。

そこでアドバイスを求められた私は、迷わず「後者の女性のほうが良い」といいました。

だって、婚約指輪のカラット数にこだわる女性よりも、「カラッと」した性格の人が、きっと結婚生活はうまくいきますからネ☆

四月二十三日【シジミの日】

古典落語『しじみ売り』は、十日戎の夜、しじみを売り歩く一人の子どもの身の上をきっかけに、人間の優しさが交差する人情噺です。

その昔、「しじみ和尚（蜆子和尚）」と呼ばれる禅僧がいました。しじみ和尚は世俗の中に身を置き、川で海老や蜆をとってお腹を満たしていたことから「しじみ和尚」と呼ばれるようになったといわれています。

しじみ和尚はいつも神社の祠の中にある紙銭の中にもぐり寝泊まりをしていましたが、ある日のこと、別の僧侶がしじみ和尚のことを試してやろうと考え、和尚の帰りを隠れて待ち構えることにしました。そして、和尚が帰ってくるなり「あなたの禅とは、いったい何であるのか？」と問いかけると、しじみ和尚は「今そこにお供えしてあるお神酒だ！」と答えました。この回答に、問いかけた僧侶は舌を巻いたそうですが……？　修行不足の私には、まだまだそのこころが分かりません。

型破りな生き方をした「しじみ和尚」。その悟りの境地とされる答えの意味は、急がず焦らず、ありのまま、シジミならぬ、シミジミ考えてみると分かるかもしれませんネ♪

四月二十四日【植物学の日】

「植物学の日」は日本植物学の父・牧野富太郎氏の誕生日が一八六二年四月二十四日であったことから制定された記念日です。

今から約千年前、勝浦で乳不足に悩む母親がいました。そこで、高照寺の和尚さんが『法華経』を読誦したところ、乳が出るようになったといいます。その後、和尚さんが亡くなると、里の人がその徳を偲んでお墓の上にイチョウの木を植えましたが、この木が成長すると、枝に乳の形をした根がつきました。それからというもの、この根を触ると、乳の出が良くなるといわれるようになったのです。

このような伝説から「乳イチョウ」と呼ばれるようになった高照寺のイチョウですが、昭和初期に植物学者・牧野富太郎氏がこの「乳イチョウ」について、樹齢千年を超えると推定したといわれています。

なんとも霊験あらたかな「乳イチョウ」。私もいつかお参りをさせていただきたいと思っていますが、その際には、タンスの中から一番良い服を選んで着ていこうと考えています。それはなぜかって？　イチョウなだけに、お参りの服はイッチョウラで決まりでしょう♪

四月二十五日【歩道橋の日】

「歩道橋の日」は、一九六三年のこの日に大阪駅前の歩道橋が完成したことに由来する記念日です。歩道橋は人の通行を目的とした橋のことをいいます。

「雨ニモマケズ」で有名な宮沢賢治。賢治はお題目の教えに生きたことでも知られますが、賢治の父親はお念仏の信仰を持っていたため、親子間で宗教的な対立が生まれたこともあったといいます。しかし、その和解のきっかけとなったのが、比叡山の「にない堂」です。「にない堂」とは、お念仏の修行をする「常行堂」というお堂と、「法華堂」というお堂のことで、この二つのお堂は一つの橋（渡り廊下）で繋がっています。

賢治親子は「にない堂」の在り方を知り、お題目の教えとお念仏の教えは一体であると考え、和解したと伝えられています。

ちなみに、「にない堂」と呼ばれるのは、弁慶が山の麓からお堂を担ってきたからだといわれています。

お題目とお念仏という違いはあれど、信仰熱心だった宮沢賢治親子。お堂の名前は「にない」堂ですが、根っこの部分では「にたもの」親子だったのでしょうネ☆

四月二十六日【チェルノブイリデー】

一九八六年のこの日、チェルノブイリ原発事故が発生しました。この事故は、多数の死傷者を出し、欧州諸国など広範囲に放射能汚染をもたらしました。

ギリシア神話において、プロメテウスがゼウスの反対を押し切り人類に与えたという「プロメテウスの火」――これは、人間の力では制御できないほどの、巨大でリスクの大きい科学技術の暗喩として用いられます。チェルノブイリ原発事故が発生したこの日は、私たち人類が今一度、原子力について考えるべき日ではないでしょうか。

また、この日は「世界知的財産の日」でもあり、無体物に対する権利を考える日でもありますが、近年、生成ＡＩに宗教的な境地を遊び半分で描かせたり、法話の内容を考えさせたりするなどの行為がインターネット上で見受けられます。信仰は、人間が神仏から賜る心の財《たから》であり、その信仰の世界を、ＡＩに安易に描かせることは、清らかな信仰心を踏みにじる行為にもなりかねません。「未来はＡＩが神様になる」という見方もあるそうですが、私は「神はＡＩ（愛）です」などという世界は、まっぴらごめんですね！

四月二十七日【ロープデー】

この日は「タッパーの日」でもあります。タッパーはプラスチック製密封容器の代名詞として使われますが、実は、タッパーウェア株式会社の登録商標です。

怖～いお顔でお馴染みの不動明王。そのお姿は特徴的で、火炎を背負い、右手には剣、左手には「羂索《けんさく》」と呼ばれる綱（鎖）が握られています。仏様といえば基本的に優しいお顔のイメージですが、お不動さんの場合は、怖い顔や怖い道具を用いてでも、人々を良い方向へ導いてくださる、という慈悲のうえにある厳しさなのです。一筋縄ではいかない人まで導いてくださる綱を持つお不動さんは、まさに「良い（四）つ（二）な（七）の日」にピッタリな仏様です♪

お不動さんは天台宗や真言宗など、密教のお寺でお祀りされることが多いですが、大阪の法善寺（浄土宗）の水掛不動尊など、宗派を超えてお祀りされている仏様です。

また、酉年生まれの方の守り本尊様でもありますので、酉年の方は、是非、お近くのお不動さんへお参りください。近場で心当たりのお寺がない方は、お不動さんなだけに、一度「検索（羂索）」してみてくださいネ☆

四月二十八日【四つ葉の日】

「よ（四）つ（二）葉（八）」の語呂合わせに由来する記念日です。この日は他にも「良い通話」の語呂合わせから「インターホンの日」にも制定されています。

先日、テレビをつけながら掃除をしていると、ご当地アイドルとして「ももいろクローバーZ」が紹介されていました。そこで「ん？『ももクロ』って、国民的アイドルグループでは……？」と不思議に思いテレビを見ると、そこには、兵庫県新温泉町の六十代の女性を中心に結成された「ももいろクロおばあZ」が映し出されていました。

現在では、クローバーは縁起の良いものとして世界中で親しまれていますが、アイルランドの司祭・聖パトリックは、聖書の三位一体の教えを説く際に、クローバーの三つ葉に喩えて示したと伝えられています。また一説には、四葉のクローバーが「幸運」の象徴とされるようになったのは、キリスト教の十字架に似ているからだともいわれています。

ちなみに、クローバーは田畑の緑肥にもなるそうなので、農業をされている方は是非、お試しください。田畑を機械で耕せば、これが本当の「幸運機（耕運機）」になりますよ☆

四月二十九日【国際ダンスデー】

この日は、国民の祝日のひとつ「昭和の日」です。昭和時代の「天皇誕生日」が、平成になり「みどりの日」とされ、さらに、二〇〇七年から「昭和の日」となりました。

「国際ダンスデー」は、近代バレエの父、ジャン＝ジョルジュ・ノヴェールの誕生日であることから制定された記念日です。

踊りは人類の歴史に刻まれてきた躍動の文化ですが、やはり、宗教とも深い関わりを持っています。

たとえば、私たちに馴染みのある代表的な踊りといえば、「盆踊り」です。

「盆踊り」はお盆にお迎えしたご先祖様の各精霊を唄と踊りでお慰めする仏教行事で、夏の風物詩となっています。

また、太鼓や鉦を叩きながら拍子をとり、お念仏や和讃などを唱えつつ踊る「踊念仏」も有名です。そのルーツは平安時代の僧・空也上人とされ、これを、鎌倉時代に時宗の開祖・一遍上人が広めたと伝えられています。

人間、嬉しいことがあるとつい踊りたくなりますが、人前で踊るのはなんだか恥ずかしいという人も、一遍上人にあやかって「いっぺん」チャレンジしてみましょう♪

四月三十日【そばの日】

毎月三十日は「そばの日」です。江戸時代、商人が月末に蕎麦を縁起物として食べたことに由来します。また、古典落語には『時そば』や『そば清』というネタがありますヨ♪

若き日の親鸞聖人が範宴《はんねん》というお名前で、比叡山でご修行されていた頃。範宴さんは、毎夜比叡山を下り、京都の六角堂をお参りしていました。そのため、僧侶の間で範宴さんが京へ遊びに行っているという噂が立ったのです。そこである晩、師は真相を確かめようと、僧侶を集めて一人一人、名前を呼びました。そして、「範宴」と呼ぶと「ハイ」と声がしたのです。その後、僧侶たちに蕎麦がふるまわれましたが、翌朝、範宴さんが朝帰りをしたものですから、昨夜返事をしたのは誰だと大騒ぎ。するとここで、範宴さんが自分そっくりに彫った木像の口に、蕎麦が付いていることが分かりました。なんと、木像が身代わりとなって蕎麦を食べていたのです。

この不思議な出来事から、この木像は「そばくい木像」と呼ばれるようになりました。

それにしても、範宴さんが返事をするか心配だった師匠。きっと、その返事を、耳を「そば」だてて聞いていたでしょうね☆

五月

五月一日【コインの日】

この日は「令和はじまりの日」でもあります。二〇一九年五月一日から元号が「令和」となり、「大化」以来二四八番目の元号です。

先日、お寺に来られた方から「お賽銭」についてご質問をいただきました。

「お賽銭」の「賽」は「賽の河原」や「賽子《さいころ》」にも使われる漢字で、一説には、土の神様である道祖神や地蔵菩薩を表しているといわれています。

また、お賽銭といえば、「ご縁」にかけて、五円玉や五十円玉を……と考える人もいますが、お賽銭はあくまでも神様仏様に対する日頃の「感謝」でさせていただくものなので、硬貨の種類にこだわる必要はありません。そして、「願い事を叶えてもらうための対価」でもないため、そのときに自分がさせていただける「気持ち」で良いのです。

ちなみに私はパーティーなどで現職議員さんにお会いするときなどは、選挙のときは初日に地元の神社やお寺にお参りするようすすめています。そのこころは……？

「お賽銭」なだけに、「再選《さいせん》」のご利益をいただけるでしょう☆

五月二日【緑茶の日】

この日は立春から八十八夜を数えた「緑茶の日」です。他にも「抹茶の日」（二月六日）や「麦茶の日」（六月一日）、「紅茶の日」（十一月一日）などの記念日があります。

私が一番好きな飲み物――それが、緑茶です。その伝来には諸説ありますが、日本に最初にお茶を伝えたのは、天台宗の開祖・伝教大師最澄上人で、中国からお茶の種を持ち帰り、比叡山の麓に植えたのがはじまりといわれています。

また、抹茶式のお茶のたて方を伝えたのは臨済宗の開祖・栄西禅師で、栄西禅師以降、はじめは薬用としてもちいられた「茶」が、次第に嗜好品となり、お茶を飲む習慣ができたといいます。栄西禅師は日本初のお茶の専門書『喫茶養生記』を著したことでも知られています。

ちなみにお茶はビタミン類をはじめ、タンニンが多く含まれていますが、お茶に含まれるタンニンの多くはカテキンの仲間に分類されるのだそうです。

でも、そんなこと誰に教えてもらったかって？　もちろん、「担任（タンニン）」の先生に教えてもらいました☆

五月三日【そうじの日】

この日は「ゴ（五）ミ（三）」と「護（五）美（三）」という語呂合わせに由来する記念日です。ゴミを減らし、環境の美しさを護ることを目的としています。

その昔、お釈迦様のお弟子さんにシュリ・ハンドクさんという方がいました。ハンドクさんは物覚えが悪く、決して優秀な僧侶ではありませんでしたが、お釈迦様はハンドクさんを見捨てることなく、その得意分野で悟りの道へ導こうとされたのです。

あるとき、お釈迦様はハンドクさんが掃除だけは得意だと知ると、ハンドクさんに「ひたすら掃除をしなさい」と命じました。そして、ハンドクさんは「塵を払わん、垢を除かん」と唱えながら掃除をするうちに、「塵や垢とは人間の中にある執着の心」であり、「汚れが落ちにくいのは人間の心も同じである」と悟りを得たのです。

私たちは人生という長い修行の中で、ときには「できない自分」に落ち込み、すべてを投げ出したくなるときがあります。しかし、ホウキを片手に悟りを開いたハンドクさんの存在は、私たちに自分の道を「放棄」しない勇気と希望を与えてくれますネ☆

五月四日【ノストラダムスの大予言の日】

一五五五年のこの日、フランスの占星術師・ノストラダムスの予言集『百詩篇集』が出版されました。この詩篇集に伝記等を交えた本が『ノストラダムスの大予言』（祥伝社）です。

《【世界が滅亡するなら、最後に何を食べる？】アンケート結果！　第一位は「梨」！》

一九九九年、私の手に握られた小学校の卒業文集には、このような文字が踊りました。なぜならこの年は、「ノストラダムスの大予言」で「人類が滅亡する」年だったからです。

ちなみに「よげん」には、「予言」と「預言」、二つの漢字がありますが、「予言」とは「未来の物事を推測していうこと」をいい、「預言」とは、キリスト教などの啓示宗教で「神様から預けられた言葉を人々に伝えること」をいいます。

また、キリスト教やユダヤ教では「終末論」が説かれていますが、ノストラダムスの大予言は、それらとはかけ離れた「終末思想」であるため、区別する必要があります。とはいえ、私も『ノストラダムスの大予言』の本文を読んだことがないため、一度、読んでみようと思います。でも、いつ読むのかって？　やはり、「週末（終末）」で決まりでしょう☆

五月五日【薬の日】

「端午の節句」は、甲冑や武者人形を飾り、鯉のぼりをたてて男児の成長を願う行事です。第二次世界大戦後に「こどもの日」として国民の祝日となりました。

毎日、当たり前のようにつかう言葉。そのなかには、「なぜこのような漢字を書くのか?」と不思議に思うものも沢山あります。そのひとつが「投薬」でしょう。薬を「投げる」とはなかなかのインパクトですが、実はこれは、お釈迦様の母・マーヤーさんに由来する言葉なのです。マーヤーさんはお釈迦様を出産後、七日目に亡くなり、死後は天界からお釈迦様を見守られました。そして、お釈迦様が八十歳で涅槃に入られるとき、マーヤーさんは病に臥せるお釈迦様に向け、天から薬を投げられたのです。そこから、「薬」を「投げる」、「投薬」という言葉ができたといわれています。

ちなみに仏教界では「薬」といえば、人々の病を癒してくださる薬師如来様が篤く信仰されていますが、私の仏教落語に登場される薬師如来様は、クスっと笑える小咄が得意な仏様という設定になっています。

だって、「笑いはクスリ」ですからネ☆

五月六日【迷路の日】

「迷路の日」は、五月を表す「May」と、「ろ（六）」の語呂合わせからできた記念日です。

近年、宗教界で「歩く瞑想」と呼ばれる、「ラビリンスウォーク」が注目されています。これは、迷路のような円形の幾何学模様の上を歩き、心を整える瞑想法ですが、厳密にいうと、「迷路」ではなく「迷宮」なのだそうです。

「迷路」は道が幾重にも分かれており、「迷宮」は一本道という違いがあります。

ラビリンスは、もともとギリシアのクレタ島など、紀元前の遺跡に原型があり、一説によれば、フランスのシャルトル大聖堂のものは、聖地巡礼を模したものといわれています。

日本では、国際基督教大学が一九九九年に導入して以来、仏教寺院でも用いられ、信仰を問わず、多くの人の心を癒しています。

ちなみに、この日は唐招提寺を開いた律宗の開祖・鑑真和上の忌日でもありますが、国宝の鑑真和上坐像は瞑想のお姿をされています。これはきっと、「瞑想は大切だ」という「名僧」からのメッセージなのですネ☆

五月七日【博士の日】

この日は「粉の日」でもあります。関西は日頃から「粉もん文化」ですが、是非、この日は関東の方も「たこ焼き」や「お好み焼き」を食べてみてください♪

「あの人は、町内の『生き地獄』や！」

「いや、それをいうなら『生き字引』や！」

今日も落語の世界では、なんともおかしな会話が繰り広げられています。

私たちは物知りのことを「博士」といいますが、この記念日は、一八八八年五月七日、二十五人の学者に日本初の「博士号」が授与されたことに由来する記念日です。当時の博士号は論文によるものではなく、教育への貢献に対するものだったといいます。

また、仏教界では「博士」というと、仏教音楽である声明《しょうみょう》の「楽譜」のことを意味します。これは、「博士」が人の模範となることから転じてできた言葉なのだそうです。

私も声明を行う身として、声明の世界では「博士」が「楽譜」だとはじめて知ったときは本当に驚きましたが、今では妙に納得しています。だって、未来の博士を育てる学問の場も、昔から「学府」といいますからネ☆

五月八日【松の日】

一九八一年のこの日、「日本の松の緑を守る会」の全国大会が開催されたことに由来する記念日です。松を大切に保護していくことを目的としています。


あるとき、ぐにゃぐにゃに曲がった松の木を見て、一休さんがいいました。

「この松の木を真っ直ぐに見ることができた人には褒美をあげましょう」。

そこで人々は、あの手この手で松を真っ直ぐに見ようとしましたが、なかなかうまくいきません。

すると、子どもがいったのです。

「この松、ぐにゃぐにゃに曲がってるね」。

これに対し、一休さん。「そう、それが真っ直ぐに見るということである」と、その子どもを褒めたのだそうです。一休さんは、私たちに物事を真っ直ぐに見る、「とらわれない心」の大切さを教えてくれたのですね。

ちなみに、松は英語で「pine（パイン）」といいますが、「パイナップル」は、松＝「pine」と「apple」からできた名前なのだそうです。

え？　でも、それって本当？　落語家の作り話では？　と思われた方、この話は真っ直ぐに信用してもらって大丈夫です。だって、マツは「針葉（信用）樹」ですからネ☆

五月九日【呼吸の日】

この日は「合格の日」、「悟空の日」、「黒板の日」、「告白の日」など、語呂合わせにちなんだ記念日が沢山あります。

「息は、吸うのが先か？　吐くのが先か？」――皆さんは、このようなことを考えたことはありますか？

私は日頃、坐禅指導をさせていただくことがありますが、坐禅では、呼吸を調えることを大切にします。そのため、まずはこのような問いかけからはじめるのです。

ちなみに正しい順番は「吐く」のが先です。よく「吸って吐く」といいますが、本来、呼吸とは「吐いて吸う」ものなのです。

なぜなら、赤ちゃんはこの世に誕生したとき、まずは「オギャー！」と息を吐きます。そして、長い長い人生の歩みを終え、お浄土へと旅立つとき、私たちはすーっと「息」を「引き取る」のです。「呼吸」という漢字もよく見てみると、「呼（吐く）」と、「吸う」という順番になっています。

それではここでクイズです！

息づかいを大切にする弦楽器はなあに？

正解は「胡弓（呼吸）」でした☆

五月十日【五十音図・あいうえおの日】

この日は長崎県の「五島の日」でもあります。五島はキリスト教禁教期の日本において密かにキリスト教由来の信仰を続けてきた潜伏キリシタンの歴史が残る「祈りの島」です。

「う」の上にあるものは？　正解は、「愛（あい）」。これは、私たちにとって五十音が当たり前だからこそ成り立つクイズです。

「五十音図」の創始者は、平安時代の天台宗僧侶・明覚上人だと伝えられています。

明覚上人は比叡山延暦寺で天台教学や悉曇学《しったんがく》を学び、「悉曇学の祖」と仰がれました。

「悉曇」とは、もともと「成就したもの」という意味がありますが、インドの個々の文字に関する学問のことも指し、悉曇が「五十音図」に影響を与えたもののひとつと考えられています。

「五十音図・あいうえおの日」は語呂合わせから制定された記念日ですが、十日は明覚上人の月命日でもあります。

それにしても、「悉曇」という言葉自体、はじめて聞いたという人も多いと思いますが、安心してください。私も僧侶になってから、初めて「知ったん（悉曇）」です！

五月十一日【ご当地キャラの日】

この日は一般社団法人日本ご当地キャラクター協会が制定した記念日です。日付は「ご（五）当（十）地（一）」の語呂合わせに由来します。

彦根の「ひこにゃん」が火付け役となった「ゆるキャラブーム」。なにを隠そう、私は「ゆるキャらくご家」を自称するほどのゆるキャラ好きです。ここでは、仏教界のキャラクターをご紹介いたします。

まずは、私の属する天台宗です。天台宗では一隅を照らす運動の「しょうぐうさん」というキャラクターが大人気で、托鉢にも参加しています。

また、浄土宗では小僧さんの「なむちゃん」、犬の「あみちゃん」、鳥の「だぶちゃん」の三人（？）組のキャラクターがおり、みんな合わせて「なむあみだぶ」となっています。

他にも、高野山の「こうやくん」や、真宗大谷派の「鸞恩くん」など、それぞれの宗派の教えが優しく伝わってくるキャラクターばかりです♪

でも、なぜ仏教界がキャラクターに力を入れているかって？　やはり、僧侶なだけに、「伽羅《きゃら》（香木の一種）」を大切にするでしょう♪

五月十二日【民生委員・児童委員の日】

一九一七年のこの日、当時の岡山県知事によって「済世顧問設置規程」が公布され、民生委員制度の起源となる「済世顧問制度」が創設されたことに由来する記念日です。

比叡山の麓、JR比叡山坂本駅には天台座主の書「忘己利他」が掲げられています。これは、「己を忘れて他を利するは慈悲の極みなり」という伝教大師最澄上人の教えで、自分のことは後回しにして、世のため、人のためと努める菩薩のような人のことをいいます。決して「もう懲り懲りだ」という意味の「もうこりた」ではありません。

私の住む地域にも民生児童委員さんがおられますが、社会福祉増進のため、日々、人々の相談にのったり、心を配ったりしておられる姿は、まさに「忘己利他」だと感じています。

そういえば、先日、とある町で民生児童委員さんを対象とした講演会でお話をさせていただいたところ、開会式に市長代理として副市長が出席していました。副市長は「代理ですみません」と挨拶していましたが、むしろ私は、挨拶は副市長が適役だと思いました。だって、対象が民生児童委員ですから、挨拶は「副市（福祉）長」がピッタリでしょう☆

五月十三日【メイストーム・デー】

この日は、カクテルの定義が初めて文書化された日にちなんだ「カクテルの日」でもあります。カクテルは古代ローマや古代ギリシャの頃から飲まれていたそうですヨ！

「五月の嵐」＝「メイストーム」。その名を冠したこの記念日は、バレンタインデーから約三か月となることから「別れ話を切り出すのにふさわしい日」とされています。なんともドキっとしてしまう記念日ですね。

しかし、正直なところ、恋愛は告白よりも別れ話のほうが切り出しにくいものです。だからこそ、このような記念日に背中を押してもらえる人もいるかもしれません。

仏教では「ご縁」を大切にしますが、「ご縁」には「良縁」もあれば「悪縁」もあります。日頃、お寺でお悩み相談をしていると、恋人からの暴力や暴言といったＤＶの相談もあとを絶ちません。そのような「悪縁」とはきっぱりとサヨナラして、新しいご縁を結んでいただきたいものです。

それではここで、謎かけをしてみましょう。

「メイストーム・デー」とかけて、「不動産取引」ととく、そのこころは、「バイバイ（売買）」には勇気がいるでしょう。

五月十四日【ひよこの日】

この日は「けん玉で世界をつなぐ」を合言葉に、けん玉を国際的に普及させることを目的とする「けん玉の日」でもあります。

毎月十四日、十五日は「ひよこの日」です。この記念日は「ひよこまんじゅう」を製造する「ひよ子本舗吉野堂」によって制定されました。日付は「ひ（一）よ（四）こ（五）」の語呂合わせに由来します。

また、この時期、毎年五月の第二日曜日は「母の日」ですが、禅の教えには、「ひよこ」と「母鳥」に喩えた「啐啄同時《そったくどうじ》」という教えがあります。

これは、雛が卵の中から殻をつつくのと、母鳥が外から卵をつつくのとが同時であるように、今まさに悟りを得ようとしている弟子に対し、師がすかさず一つの教示を与え、悟りの境地に導く絶妙のタイミング、またとない好機のことをいいます。

私も師から導きをいただくひとりですが、この教えは弟子として胸が熱くなるものです。やはり、雛が卵からかえる譬えなだけに、これが本当の「孵化《ふか》～い教え」ということでしょう☆

五月十五日【商人の祝日】

高温環境での水分補給に最適な温度帯が五度から十五度であることから、この日は「水分補給の日」に制定されています。夏場は特にこまめな水分補給を心掛けましょう。

ローマ神話に登場する商業の神・メルクリウス。その祝日である五月十五日は「商人の祝日」と呼ばれています。

また、日本では「商人」といえば、「売り手よし」「買い手よし」「世間よし」の「三方よし」で知られる「近江商人」が有名ですが、「三方よし」の精神は、比叡山延暦寺を開いた伝教大師最澄上人の「忘己利他」（五月十二日参照）や、「一隅を照らす」（二月十五日参照）の教えに影響を受けたといわれています。

「三方よし」は、売り手と買い手が互いに満足することはもちろん、広く社会に貢献できてこそ良い商売といえる、という意味ですから、すべての人が幸せになることを目的とした大乗仏教の精神と志を同じくするものだといえるでしょう。

以上、最澄「上人」から素晴らしい精神を受けた「商人」のお話でした☆

五月十六日【旅の日】

この記念日は松尾芭蕉が奥の細道へと旅立った日に由来する記念日です。旅は人生を豊かにしてくれるものですから、積極的に出かけてみたいものですネ！

古典落語には「旅ネタ」と呼ばれる演目があります。これは、お伊勢参りなどの旅の道中を陽気に描いたもので、『地獄八景亡者戯』も旅ネタのひとつとされています。

『地獄八景亡者戯』は、サバの刺身にあたって死んだ男が冥途の旅をするお噺ですが、あの世の噺でありながら、この世の時事ネタもあちらこちらにちりばめられています。そのおかげで、「あの世は暗くて寂しいところとは限らない」、「あの世はこの世の延長線上にある世界なのかもしれない」という、不思議な安心感を与えてくれる噺でもあります。

また、噺の中では主人公の男が額に天冠と呼ばれる三角頭巾をつけ、首からは頭陀袋、手には杖という「死装束」で旅をしていますが、これは、お浄土へ無事に辿り着くための基本的な「旅スタイル」なのです。

ちなみに、足元は白足袋に草履と決まっていますが、やはり、「旅」なだけに、「足袋」は欠かせないでしょう☆

五月十七日【千手観音様のご縁日】

この日は「お茶漬けの日」でもあります。日付はお茶の製法を発明し、煎茶の普及に貢献した永谷宗七郎氏の命日に由来します。

毎月十七日は千手観音様のご縁日です。

全国各地のお寺には、地名と組み合わせたお名前で親しまれる仏様もいらっしゃいますが、千手観音様は、決して、東京都足立区南部から荒川区東部にかけての「千住」にいらっしゃる観音様という意味ではありません。千手観音様は「千手千眼観音菩薩」といって、千の掌に千の眼を持つ観音様なのです。

千という数は「広大無辺」の意味を持ち、延命・滅罪・除病の功徳をいただけます。

また、千手観音様は子年の守り本尊様でもいらっしゃるので、ねずみ年の人にとっては「チュー」もくの仏様です。特に、京都の三十三間堂では、ご本尊様とともに、それぞれ表情の違う千体の千手観音様がいらっしゃるので、是非一度お参りください♪

それではここで謎かけをひとつ。

「千手観音様」とかけて、「余裕のないとき」ととく、そのこころは、どちらも「手いっぱい」でしょう☆

五月十八日【ことばの日】

「五（こ）」、「十（と）」、「八（ば）」の語呂合わせからできた記念日です。良い言葉は良いご縁に繋がりますよ♪

「するめ」は「あたりめ」、「すり鉦《がね》」は「あたり鉦」——「『する』という言葉は縁起が悪いので『あたる』という縁起の良い言葉に言い換えなさい」。今でも、寄席の楽屋では先輩から後輩へこのように伝えられています。

日本では古来、「言霊」といって、言葉には不思議な力が宿ると考えられてきました。これは私たちの生活に根付いた文化で、宗教宗派を超えた信仰の一種といえるでしょう。

私も「言霊」を大切にする一人ですが、落語家としての修業中、大師匠・二代目露の五郎兵衛師匠と車に乗っていたところ、前を走る車のナンバーが「四四四四」だったことがありました。すると、大師匠がいったのです。

「こういうのを見たときは、縁起が悪いと思ったらアカン」

その次に出てきた大師匠の言葉に、私は大きな学びをいただいたのです。

「こういうものは『良し良し』と読んであげなさい」☆

五月十九日【いいきゅうりの日】

毎月十九日は「いいきゅうりの日」です。「胡瓜」の「胡」は「シルクロードを渡ってきた」という意味があるそうですヨ！

ギネス世界記録に「最もカロリーが低い野菜」として登録されているきゅうり。手軽に美味しく水分補給ができ、むくみ予防も期待できる有難い野菜です。

きゅうりは仏教文化とともに遣唐使によって伝えられましたが、現在でも、仏教界では「きゅうり加持」「きゅうり封じ」と呼ばれる行事があります。これはどのような行事かというと、きゅうりに病魔等の厄を封じ込め、無病息災を祈祷するという秘法です。

ちなみにこの原稿を書きながらＳＮＳで「きゅうりとかけまして……」と呟いたところ、江戸落語で真打に昇進したばかりの柳家平和師が即座にコメントを寄せてくださいました。

「『キュウリ』とかけて『ネタおろしが酷かった噺をもう一度聴きにくる落語ファン』ととく。そのこころは『菜園（再演）でどれだけ伸びるか楽しみにしています』」とのこと。

さすが真打！「きゅうり（急に）」ふられた謎かけも、お見事でした☆

五月二十日【森林《もり》の日】

「森林」という字には「木」が五つ入っており、「森林」の総画数は二十画であることから制定された記念日です。また、この日は「電気自動車の日」でもあります。

「お母さんの落語に出てくる森って、どんな珍獣がいる森なの？」――先日、小学校四年生の息子が不思議そうな顔で聞いてきました。一瞬、何のことかと思いましたが、すぐに「鎮守の森」を「珍獣の森」と聞き間違えたのだと分かりました。

「鎮守の森」とは、神社に付随して境内や参道を囲む森林のことをいいますが、東日本大震災では鎮守の森が津波の勢いを和らげ、「防災林」のはたらきをしたことから、今、あらためて「もり」の力が注目されています。

また、私の属する天台宗では「山川草木悉皆成仏」という教えを大切にしていますが、比叡山で行われる千日回峰行は、山川草木をみな「ほとけ」とし、すべての生命に合掌をしていく「礼拝行」です。

「わたし」という命も大自然の一部であり、生かされている命です。生命の営みに感謝して、「木」をつかうよりも、自然を守ることに「気」を遣える人になりたいものですネ！

五月二十一日【ニキビの日】

ニキビは皮膚科で治療可能な疾患であることを認知してもらうための記念日です。日付は「五（いつ）」も「二（に）」キビは「一（ひ）」ふ科へという語呂合わせから。


実は私、出家してからニキビができにくくなりました。これはおそらく、ニキビの原因の一つである「髪の毛に付着した雑菌」が、剃髪したことにより顔に触れなくなったからだと考えられます。

また、ニキビといえば古くから「あばたもえくぼ」という譬えがありますが、「あばた」の語源は仏教における「八寒地獄」の最上部である「あぶた」だといわれています。この地獄では寒さのために身がただれて瘡が生じるといわれていることから、ニキビや吹き出物を「あぶた」「あばた」と呼ぶようになったのかも知れません。

ちなみに以前、ラジオを聞いていたところ「阿弥陀さんの力で、お肌プルプル！」と聞こえてきました。さすが阿弥陀様！「南無阿弥陀仏」とお念仏をお唱えすると、極楽往生だけでなく、美肌も叶えてくださるのかと思いきや……？　よーく聞いてみると、「阿弥陀さん」ではなく「アミノ酸」の間違いでした☆

五月二十二日【うなぎの未来を考える日】

二〇〇九年のこの日、マリアナ諸島付近において、世界で初めて天然ニホンウナギの卵を採取することに成功し、うなぎの完全養殖化への道が開けたことに由来する記念日です。

捕らえられた魚や鳥を池や野に放す「放生会」。善行は仏道修行をするうえで欠かせない精神ですが、決して、自己満足になってはいけません。そのような戒めを、風刺を交えて描いたのが上方落語の『淀川』、江戸落語では『後生鰻』と呼ばれるお噺です。

あるところに、信心深い男がいました。うなぎ屋の前を通ると、今まさにうなぎが捌かれそうになっています。気の毒に思った男はうなぎを買い取ると、前の川へと放り込み「ああ、良い功徳をした」と掌をあわせました。その後、毎日のようにこれを繰り返していましたが、ある日のこと、せっかく男が来たというのに、うなぎ屋はちょうどうなぎを切らしていました。そこで、儲けに走ったうなぎ屋。「生きたものなら何でも良いはず」と、自分の子である赤ん坊をまな板の上に乗せたのです。それを見た男、うなぎ屋にお金を払って赤ん坊を買い取ると、赤ん坊を前の川へ放り込み、いったのです。

「ああ、良い功徳をした」。

五月二十三日【世界カメの日】

この日は、亀について知り、亀の生存と繁栄のために人類の行動を促すための記念日です。タートルは亀の総称ですが、主に海ガメを指し、陸ガメはトータスと呼ばれます。

「ここで会ったが百年目、盲亀の浮木、優曇華の花……」――お芝居を観ていると、敵討ちの場面で必ずこのようなセリフがでてきます。「ここで会ったが百年目」はともかく、「盲亀の浮木」とはどのような意味でしょうか？

実はこれは仏教用語で、大海を泳ぐ目の見えない亀が浮き木に会い難いことを、人間に生まれることの困難さ、さらにその人が仏法に会うことの困難さに譬えた言葉です。

また、お経には「一眼の亀」という譬えもありますが、これは、一つしか目のない亀が、大海に浮いている一本の木にある穴の中に首をつっこむほど稀なことを表す譬えです。

ちなみに、盲亀の浮木に続く「優曇華の花」も仏教用語であり、「三千年に一度咲く花」のことをいいます。つまりこれも、仏法に会い難いことの譬えなのですね。

それではここで、亀クイズです！

亀の好きなジュースはなあに？

正解は、「コーラ（甲羅）」でした☆

五月二十四日【伊達巻の日】

伊達巻は華やかな見た目に加え、形が巻物に似ていることから「知恵が増える」といわれる縁起ものです。おせち料理にも欠かせない日本を代表する食文化のひとつですね！

「伊達巻の日」は、戦国武将・伊達政宗の命日にちなんで制定された記念日です。

伊達政宗は一五六七年、出羽国の米沢城主・輝宗の長男として誕生し、幼少期は「梵天丸」と名乗っていました。

「梵天」とは仏教の守護神のひとりで、お釈迦様がお悟りをひらかれたとき、人々にその素晴らしき教えを伝えるようにすすめた神様です。また、古代インドのサンスクリット語は「梵語」ともいわれますが、これは、梵天様が創った神聖な言語だからだといわれています。そのような有難い幼名を持った政宗は、美濃の高僧・虎哉宗乙から仏教をはじめとする学問を学びました。

ちなみに、政宗といえば兜の前立ての三日月が有名ですが、前立てを三日月と定めたのは政宗ではなく、父・輝宗だったといわれています。政宗はなんでも自分で決める性格だったといわれているため意外ですが、やはり、「先代（仙台）」を大切にしていたのですネ！

五月二十五日【有無《ありなし》の日】

この記念日は「天暦の治」で知られる平安時代中期の村上天皇の命日に由来する記念日です。村上天皇は急な事件のとき以外は政治を行わなかったと伝えられています。

先日、お寺でお悩み相談をしていると、「お金が無くて困っている」という方のあとに「お金があって困っている」という方が来られました。あってもなくてもお金で困る人がいる――これはなぜでしょうか？

人間、お金に困っているときは「お金さえあれば幸せになれるのに」と考えますが、いざお金持ちになると、友人から借金の肩代わりを頼まれ関係がギクシャクしたり、お金目当てで近づいてくる人がいて人間不信になったりと、新たな悩みが生まれるものです。

「これさえ有れば、これさえ無ければ」は誰しも考えることですが、その気持ちに左右されているうちは、有っても無くてもどのみち悩みは尽きません。そこでお釈迦様は、「有無《うむ》同然」――つまり、「有っても無くても苦しみは同じ」と説かれたのです。

ちなみに先日、この教えを相談者の方へお話したところ、「有無同然」なだけに「ウ～ム！　なるほど！」と唸っておられました☆

五月二十六日【東名高速道路全通記念日】

一九六九年のこの日、東名高速道路が全線開通しました。他にもこの日は甲子園球場でホームランが出やすいように設置された「ラッキーゾーンの日」でもあります。

以前、夫と車に乗っていたところ、後続車から煽り運転をされました。その後、その車が危険運転そのもので私たちの車を追い越したので、思わず「この先、ご安全に」と前の車に向かい合掌すると、この車が急にスピードを落としたのです。そこで夫に「私の祈りが通じたのかな？」と話すと「いやいや、祈りが通じたのではなく、煽り運転をしたら坊さんから呪われた！　と腰がひけたんじゃないですか？」と笑われました。んなあほな！

近年、煽り運転による悲しい事故のニュースを見聞きしますが、煽り運転は「急いでいるから」「イライラするから」という自己中心的な理由で行われる身勝手なものです。そのように己の利益ばかりを追求することに執着する人を仏教では「我利我利亡者《がりがりもうじゃ》」と呼びます。

高速道路における自己中心的な行動は「自己」ならぬ「事故」のもと！　相手の命も自分の命も守るため、安全運転を心がけましょう。

五月二十七日【背骨の日】

背骨は腰椎が五個、胸椎が十二個、頸椎が七個からなっています。それぞれの数（五、一二、七）のうち、一をスラッシュに見立てると五／二七になることから制定されました。

先日、お葬式をさせていただいたご家族から、「うちの母の喉仏、こんなに綺麗だったんです」と、喉仏を見せていただきました。

喉仏は仏様が坐禅を組んだ形に見えることから、故人の体内に宿っていた仏様として大切にされます。しかし実は、私たちが知る喉の隆起は甲状軟骨という軟骨で、火葬によりなくなってしまうことはあまり知られていません。

では、遺骨で扱われる、あの「喉仏」の正体は何なのかというと、実はあれは「第二頸椎」と呼ばれる「背骨」の一部なのです。

ちなみにお骨といえば、私の大師匠のお葬式では、一門全員が葬儀会館に大師匠の骨壺を忘れるという珍事件がありました。そこで私も反省しながら、なぜ大師匠のお骨を忘れてしまったのか考えたのです。そして、やっと分かりました。名人と呼ばれた大師匠は、いつもいっていたのです。「名人になるには、噺のコツと、笑いのツボを忘れたらアカンで」……「コツ」「ツボ」を忘れたらアカンで……と☆

五月二十八日【花火の日】

この日は、第一回日本オープン・ゴルフ選手権が開かれた「ゴルフ記念日」です。花火の日でありゴルフ記念日ということで「た～まや～！」がぴったりな一日ですね。

夏の風物詩といえば、「花火」。「花火の日」は毎年、五月二十八日と八月一日とされており、八月一日は夏本番なので頷けますが、なぜ、五月二十八日も「花火の日」なのでしょうか？　一説には、江戸時代中期に行われた祭事に由来するものだといわれています。

一七三三年のこの日、隅田川で水神祭が行われました。このとき、飢饉や疫病で亡くなった人を供養するために打ち上げられたのが花火であり、これが、日本最古の花火大会といわれているのです。また、お盆の時期に花火大会が行われるのも、同じく「鎮魂」の祈りを意味するといわれているので、花火大会を単なるイベントではなく、ご先祖様を想う大切な日と考えるのも良いですね。

それではここでクイズです！「花火職人の家紋は？」——正解は「花菱（花火師）」です！……え？　こんなダジャレのクイズでは、笑いに火が付かないって？　それは大変！　花火なだけに、「どうかせん（導火線）」とダメですネ！

五月二十九日【こんにゃくの日】

この日は「こんにゃくの日」の他に、「シリアルの日」、「エスニックの日」でもあります。一体、何を食べたら良い日なのか混乱してしまいますネ！

高校生の頃、ダイエットのために必死に食べていたこんにゃくラーメン。こんにゃくは食物繊維が豊富なことでも知られる身近な食品ですが、仏教とともに日本へ伝わったといわれています。

また、落語の世界ではこんにゃくといえば『蒟蒻問答』（上方落語では『餅屋問答』）というお噺があります。これは、ひょんなことからお寺の住職のフリをしたこんにゃく屋の主人が、本物の僧侶と禅問答をすることになり、お互いの誤解から滑稽なやり取りが生まれてしまう、なんとも馬鹿馬鹿しいお笑いです。

ちなみに、この噺に登場する和尚の名前「托善」（表記は諸説あり）とは、このネタの作者といわれる元僧侶・二代目林家正蔵の法名だといわれています。

この落語から、まったくかみ合わない会話のことを「蒟蒻問答」というようになりました。でも、『蒟蒻問答』は仏教のお噺ですから、「カミ」あわなくても、「ホトケ」に会える問答かも知れませんネ♪

五月三十日【ごみゼロの日】

この日は一九六八年に消費者保護基本法が施行されたことを記念した「消費者の日」でもあります。SDGsの時代、環境問題も考えながら買い物をしたいものです。

ごみといえば「分別」。「分別」とは「種類によって分ける」という意味の他に、「分別がある」＝「物事をわきまえている」など、一般的に良い意味の言葉として使われてきました。ところが仏教では、「分別」は全く反対の意味を持つ言葉なのです。

というのも、もともと仏教用語としての「分別《ふんべつ》」は、自己の経験など、主観によって成り立つ思考であり、対象をありのまま認識しているわけではないため、仏道の障りとされてきました。そのため、分別の固執を離れた「無分別」の智慧や見方が大切だといわれているのです。

というわけで、仏教においては分別よりも「無分別」の境地を目指しますが、今日のテーマである「ごみ」の場合は、やはり、「分別」が必要です。特に、ビンや缶は分別すればリサイクルもできるので、この記念日をきっかけに、是非、環境問題やごみの分別に「敏感（ビン・缶）」になってくださいネ☆

五月三十一日【古材の日】

「古材の日」は、古材の魅力を伝え、その有効活用を考える日です。また、この日は他にも「世界禁煙デー」に制定されています。

私が住職を務める道心寺では、ご本尊様の光背や山号額に古材を利用しています。その古材とは、縁あって賜った、現在改修中の比叡山延暦寺根本中堂の柱として使用されていた霊木です。沢山の祈りに立ち会ってきた木目の深さは、本堂にぬくもりを与えてくれます。

また、「古材」といえば古典落語に『鰍沢』という噺がありますが、これは、江戸の商人が日蓮宗の総本山・身延山久遠寺の帰り道に大変な目に遭いながらも材木によって助かる、というお噺です。日蓮宗では「お題目（南無妙法蓮華経）」の教えを大切にしますが、「南無妙法蓮華経」とは、お釈迦様が説かれた諸経の王である『法華経』の教えに帰依をする、という意味です。「材木《ザイモク》で助かった」と「お題目《ダイモク》で助かった」をかけているわけです。

日本では、古来、木には魂が宿ると考えられてきました。木は「材」でありながら、人間にとっての大切な「財」なのですネ☆

六月

六月一日【牛乳の日】

二〇〇一年六月一日、国連食糧農業機関が「世界牛乳の日」を提唱したことから、日本では二〇〇七年に制定された記念日です。


スジャータ～♪スジャータ～♪のCMでお馴染みの食品メーカー「スジャータ」。

実はこの会社名は、仏典に登場する「スジャータ」という女性の名前に由来するものです。

というのも、お釈迦様は二十九歳で出家をされ、六年に及ぶ苦行の末に「苦行には意味がない」とさとり、断食をやめて沐浴をされましたが、ここで、スジャータという名の村娘がお釈迦様に乳粥を施したと伝えられているのです。この乳粥によって、苦行で疲れ果てたお釈迦様の体は回復し、ついには菩提樹の下で悟りを開かれたのでした。

ちなみに日本では、中世期に「牛乳を飲むと牛になる」という迷信があったそうですが、その迷信を、自ら牛乳を飲み試したのが織田信長だといわれています。

「でも、そんな情報、どこから引っ張ってきたのか？」って？

牛乳は飲み物なだけに、インターネットの情報を「引用（飲用）」させていただきました☆

六月二日【甘露煮の日】

本能寺の変の際、家康一行が伊賀越えをするときに佃煮を糧食としたことがその発祥とされること、また甘露煮の「露煮」と六・二の語呂合わせから制定された記念日です。

令和五年七月、私の師僧であった比叡山雙厳院住職・福恵善高権大僧正が遷化しました。葬儀の際、導師から授けられた師僧の戒名の院号は「甘露心院」。私はこの文字を見ただけでも胸がいっぱいになりました。

なぜなら、仏教における「甘露」とは「仏様の教え」そのものを表す言葉であり、不死の霊薬といわれているからです。その甘い露は苦悩を癒し、死者をよみがえらせるとも伝えられています。私は師僧の院号に「甘露」と授けられたことで、お浄土で穏やかに過ごす師僧の姿が目に浮かんだのでした。

また、花まつり（四月八日参照）では、お釈迦様の誕生仏に甘茶を注ぎますが、これは、お釈迦様がお生まれになったとき、天が「甘露の雨」を降らし、誕生を祝福したことに由来するものです。そのため、私たち僧侶の間では、甘露といえば「雨」を連想しますが、やはり、一般的には「カンロ」といえば、「雨」ならぬ「飴」ですよネ☆

六月三日【みたらし団子の日】

毎月三日・四日・五日は「みたらし団子の日」です。「みたらし」は漢字では「御手洗」と書き、神社の社頭で参詣者が手や口を清めるところをいいました。

京都・下鴨神社――ここには、井上社（御手洗社）というお社の前に「みたらし池」と呼ばれる池があります。古来、土用の丑の日に、この池に足を浸けると疫病や脚気にかからないと伝えられてきましたが、その池や川の底から湧き上がる水泡の姿を団子にかたどったのが「みたらし団子」の発祥とされています。

現在でも、下鴨神社門前の老舗茶屋でみたらし団子をいただくことができますが、このみたらし団子は、五つ並ぶ団子のうち、一番上の団子だけが他の四つの団子と離れて刺さっているのが特徴です。これは、水中に泡が湧き出でる際、一つ大きな泡が出てから続いて四つ湧き出たからという説や、人間の頭と四肢を表しているという説があります。

ちなみにみたらし団子といえば、学生時代、姉の通う高校の学園祭に行ったところ、五平餅とみたらし団子を売る出店がありました。そのお店の名前が「五平が見たらしい」だったことは、今でも忘れられません☆

六月四日

【虫歯予防デー】

この日は「虫の日」でもあります。記念日を制定した解剖学者・養老孟司氏は、虫の供養を大切にするため、神奈川県鎌倉市の建長寺に「虫塚」を建立しました。

近年、肺炎予防効果も期待されている「歯磨き」。実はこれは仏教に由来するもので、お釈迦様が木の枝で作った「歯木」で口腔内の清潔を保つようお弟子さんに伝えられたことが歯磨き習慣のはじまりといわれています。

楊枝の元祖である「歯木」はサンスクリット語でダンタ・カシュタといいますが、ダンタは「歯」という意味で、一説には英語の「デンタル」の語源ともいわれているのです。

お釈迦様は苦行ではなく思考によって幸せになる道を説かれた方ですが、「思考」方法のみならず、「歯垢《しこう》」の取り方まで教えてくださっていたとは、驚きですネ♪

ちなみに、私たち落語家は歯が命なので、私も毎日念入りに歯磨きをしていますが、これから何十年後、もしも自分の歯が無くなっていたら……？

そのときは、「これがホンマの噺家（歯無しか）です」と、お客様のご機嫌を伺いたいと思います☆

六月五日【落語の日・寄席の日】

この日は、「六」と「五」の語呂合わせから、一時期、春風亭正朝師によって制定された「落語の日」です。現在では、毎年六月第一月曜日が「寄席の日」に制定されています。

「なぜ『露の一門』に入ったんですか？」――入門当時、「桂」でもなく「林家」でもない私は、よくこのようなご質問をいただきました。私が「露の」になった理由、それは、初代・露の五郎兵衛が僧侶だったからです。

落語のはじまりは江戸時代。上方落語の祖の一人とされる露の五郎兵衛は、日蓮宗の談義僧でした。談義僧とは仏教の教えをオモシロおかしく人々へ伝える僧侶のことで、そのお説法にオチがついて「落語」となっていったのです。

また、古典の笑話集『醒睡笑』を著した浄土宗西山深草派総本山誓願寺第五十五世法主・安楽庵策伝上人は、寄席でおなじみの古典落語『平林』の作者として知られています。

このように、落語は仏教と深いご縁のある芸能なのです。それではここで小咄をひとつ。

「落語の創始者は、お坊さんって本当？」
「そう（僧）」
おあとがよろしいようで☆

六月六日【羊の日】

童謡『メリーさんの羊』は、メリーという少女がペットの羊を学校に連れて行き、大騒ぎになったことから作られた歌だといわれています。

「迷える子羊たちよ……」――キリスト教の牧師といえば、このようなセリフを思い浮かべる人も多いのではないでしょうか。

これは『聖書』の中で、百匹の羊の群れから一匹がいなくなったときに、羊飼いが九十九匹を置いて一匹を探す、という譬えに由来する言葉です。羊飼い（＝イエス・キリスト）は「孤独で弱き者」＝「迷える子羊」の優しき同行者であるという意味です。

現代社会では、集団の利益のために「個」が軽視されがちですが、神様は、ひとり一人を大切にしている、ということなのでしょう。

この記念日は、羊の角が巻いている形が英数字の六に見えることから、羊の女の子「メリーちゃん」を自社キャラクターとする株式会社メリーチョコレートカムパニーによって制定された記念日です。

「メリーちゃん」とは覚えやすい名前を付けたものだなと思いますが、さすが、羊なだけに「命名（メ～メ～）」が良いでしょう☆

六月七日【緑内障を考える日】

この日は哲学者・西田幾多郎の忌日「寸心忌」でもあります。寸心忌ではその遺徳を偲び、献花式や講演会が行われます。

緑内障とは、眼圧が上昇して視機能に異常をきたす病気です。主な症状は視野が狭くなることですが、早期発見、早期治療のためにも、年に一度の検診がおススメです。また、「視野」とは、実際の視覚以外に、物事のとらえかた、つまり心の物の見方を表す言葉でもあります。仏教では、後者の「視野」を広く持つことをすすめていますが、視野を広く持つことは、新たな発見はもちろん、困難な状況で打開策を見つけるきっかけにもなります。また、執着によって自身の心の視界が遮られ、真実を見ることができない状態を仏教では「無明」といいます。中国、隋の時代に天台宗を開いた天台大師・智顗は「無明は転ずればすなわち変じて明となる。氷を融かして水となすがごとし」と説いたといいます。無明を滅することで、私たちの苦は滅するのですネ！

それではここで、なぞなぞです。

「視界が狭い気がするときに受診する病院は？」——正解は、「歯科医（視界）」でした♪

六月八日【果物の日】

毎月八日は「果物の日」です。この日は「子どもたちのおやつに果物を」、という思いで、全国柑橘宣伝協議会と落葉果実宣伝協議会によって制定されました。

先日、聖徳太子誕生の地とされる奈良県の橘寺で落語会をさせていただきました。橘寺というお寺の名前は、お菓子の神様・田道間守《たじまもり》が垂仁天皇の命によって取りに行った不老不死の果実「トキジクノカグノコノミ」（橘の実）をこの地に植えたことに由来します。

また、キリスト教では「果実」といえばアダムとイブが食べたとされる「禁断の実」ですが、実は聖書には「禁断の実」がリンゴであったとは書かれていないため、イチジク説やブドウ説、トマト説など、さまざまな説があるのです。

ちなみに、橘寺での落語会では、お土産に橘の実が入った手作りのパウンドケーキをいただきました。これが本当に美味しかったので、またご住職にお会いしたときには、しっかりと御礼の言葉をお伝えしたいと思います。もちろん、その際にはこのようにいおうと思っています。果物なだけに……「過日（果実）は大変お世話になりました」☆

六月九日【ロックの日】

この日は、英数字の「六」と「九」の形が「まがたま」の形と似ていることから、「まがたまの日」でもあります。また、九月六日も同じく「まがたまの日」に制定されています。

信州・善光寺で行われている「お戒壇めぐり」。これは、本堂の瑠璃壇床下の真っ暗な回廊をめぐり、中ほどにある「極楽の錠前」に触れることで、錠前の真上におられるご本尊様とご縁を結ばせていただくものです。古くは帷子、草履に白木の念珠といった棺に入る際の姿になり、お念仏をお唱えしながら巡ったといわれています。私も体験したことがありますが、真っ暗な回廊ではひたすら仏様を信じて前へ進み、出口で光が見えたときには、生まれ変わったような、不思議な気持ちになり、力が湧いてきました。

ところで鍵といえば、以前、私の祖母の四十九日法要の際、お斎《とき》の会場へ向かうマイクロバスで、運転手さんが「鍵の閉じ込め」をしてしまい、予定が大幅に遅れたことがありました。すると、イライラしはじめた私の父。険悪なムードになってはいけないと、父の怒りをほぐすためにいったのです。

「お父さん、鍵なだけに、思わずキーっとしちゃったネ☆」

六月十日【時の記念日】

六七一年四月二十五日（太陽暦六月十日）、天智天皇が日本で初めて漏刻と呼ばれる水時計を設置し、時報が行われました。現在でも近江神宮では「漏刻祭」が行われています。

「寿限無　寿限無　五劫の擦り切れ　海砂利水魚の水行末　雲来末　風来末……」皆様ご存じ、古典落語『寿限無』の一節です。「寿限無」とは、子どもを授かった父親が、我が子が長生きできるようにと近所の和尚さんに縁起の良い名前を教えてもらい、その名前をすべて繋げた結果、出来上がってしまった長い長い名前のことです。なかでも、「五劫の擦り切れ」の「劫」とは、仏教が説く時間の単位のことで、その長さはというと「世界が成立してから終わるまでの時間」だとか、「天人が羽衣で大きな石を百年に一度払い、その石が擦り切れてなくなるほどの時間」といわれています。また、そのような無限ともいえる「劫」が一億回続くほどの時間を「億劫」ということから、面倒なことを「億劫《おっくう》」というようになりました。

それではここで謎かけをひとつ♪「時の記念日」とかけて、「天然記念物の鳥」ととく、そのこころは、どちらも「トキ（時・朱鷺）」を大切に……☆

六月十一日【傘の日】

この日は暦のうえで入梅にあたることが多いことから「傘の日」に制定されました。また、「雨漏り点検の日」でもあります。

仏教文化とともに中国から伝わったとされる和傘。近年では、洋傘が主流となっているためあまり見かけることはありませんが、寄席やお祝いの席などで演じられる「傘回し」(「おめでとうございま〜す!」でお馴染みのアレ♪)は、傘の上で枡や金輪などを回すため、骨の強い和傘に限るのだそうです。

また、傘といえばお寺では、本堂の天井から「天蓋」と呼ばれるものがかけられていますが、これは、ご本尊様など、仏像の上にかざす傘のことです。もともと、日差しの強いインドでは、貴人の頭上に日傘を差しかける習慣がありましたが、それが仏像の装飾具となったのです。

ちなみに、私の夫は太神楽曲芸師ですが、夫曰く、近年、和傘職人さんが激減しているため、舞台で使う和傘を新調するときは、注文するのがなかなか大変なのだそうです。

立派な骨の傘を買うために、「骨が折れる」とは、これいかに……?

六月十二日【バザー記念日】

この日は他にも国際共通語として作られた人工言語「エスペラント」の記念日に制定されています。

この記念日は、一八八四年、鹿鳴館で女性たちによって日本初のバザーが開催されたことに由来する記念日です。

当時、日本ではバザーのことを「慈善市」と呼んでいましたが、「慈善」は仏教に限らず、世界中のさまざまな宗教で大切にされる慈悲の実践でもあります。そのため、現代でも全国各地の教会やお寺でバザーが開催されています。そう考えると、私も是非、自分のお寺でバザーをしたいと思い、先日、お寺の総代さんに「人間、思い立ったが吉日ですから、早速、今週末にでもバザーをやりませんか！」と電話してみました。すると、いつも冷静な総代さん。「団姫さん、バザーはとても良いことですが、今週末は早すぎます。まずは計画的に準備してから開催しましょう」といわれてしまいました。でも、総代さんのいいたいことはよく分かったのです。

きっと、バザーなだけに、「事前（慈善）」の準備が必要なのでしょうネ♪

六月十三日【いいみょうがの日】

「いいみょうがの日」は、六月がみょうがの旬であること、そして十三日を「いい（一）みょうが（三）」と読む語呂合わせから制定された記念日です。

お釈迦様の弟子であったシュリ・ハンドクさん（五月三日参照）。この方は、自分の名前を忘れてしまうほど物覚えが悪かったといわれています。

しかし、お釈迦様はそのようなハンドクさんを叱ることなく「自分の名前を覚えられないのであれば、板に自分の名前を書き、それを荷って歩けば良い」と声をかけられました。

その後、お掃除一筋で悟りを開いたハンドクさん。天寿を全うすると、そのお墓のまわりには不思議な草が生えました。これが、皆さまよくご存じの「みょうが」です。「みょうが」は漢字で書くと「茗荷」と書きますが、草かんむりに、「名」を「荷」うと書くのは、ハンドクさんが自分の名前を荷っていたからだと伝えられています。

自分の名前も覚えられなかったハンドクさんに由来する「みょうが」。

だから昔から、「みょうがを食べると物忘れをする」というのだそうですよ☆

六月十四日【ジューンブライド】

この日は「認知症予防の日」でもあります。以前、認知症の母親を介護する方から聞いた「私の顔も忘れた母ですが、仏壇の前では手を合わせます」という話が忘れられません。

【「新婦さん！」　呼ばれ振り向く　神父さん】――数年前、お世話になっている神父さんから聞いた結婚式のエピソードをもとに詠んだ川柳です。六月といえば「ジューンブライド」ですが、これは、六月に結婚する女性は幸せになれるというヨーロッパの言い伝えからできたもので、日本では梅雨の時期に挙式数が減ってしまうため、結婚式場が「打開策」として打ち出したものだといわれています。

また、昔から結婚式のことを「華燭の典」といいますが、これはお釈迦様が若い二人の縁結びをされたことに由来するものです。

その昔、お釈迦様のもとへ毎日お花を捧げる少女と、蝋燭の油を捧げる少年がいました。やがてこの二人は恋に落ち、この仲をとり持たれたのがお釈迦様だったのです。ここから生まれたのが「華」と「蝋燭」で「華燭の典」だといわれています。結婚式では豪華な料理が並びますが、「華燭」の典で「過食」にならないよう、気を付けましょうネ☆

六月十五日【生姜の日】

この日は他にも「オウムとインコの日」に制定されています。日付は六月の「〇六」でオウム、「一五」でインコと読む語呂合わせから♪

体が冷えやすい梅雨の時期、私は生姜スープで体を温めるようにしています。生姜は血行促進の他、殺菌作用もあるすぐれた食品です。毎年この日は石川県金沢市の波自加彌神社で「はじかみ大祭」が行われますが、波自加彌神社は日本で唯一、香辛料の神様をお祀りする神社です。大祭では医薬健康の神様である波自加彌大神に、参列者の一年の無病息災が祈念されます。また、祭典終了後はご神前にてお清めされた特製「生姜湯」の振る舞いもあるということで、生姜好きの私としては、是非一度お参りしてみたい神社です。

ちなみに先日、人生で初めて「生姜カレー」を食べたところ、これが大変美味しかったので、思わず謎かけを作ってみました。

「生姜カレー」とかけて、「アパートの契約」ととく、そのこころは、どちらも「更新料（香辛料）」が気になるでしょう！

……こんな馬鹿馬鹿しい謎かけも、生姜なだけに、ショウガない!?

六月十六日【和菓子の日】

八四八年のこの日、仁明天皇がお菓子やお餅を神前に供えたことに由来する記念日です。和菓子は洋菓子に比べカロリーが低いものも多いため、ダイエット中の人にもおススメ♪

和菓子の原点とされる「唐菓子」や「果餅」——これは、奈良時代に仏教とともに伝来したといわれています。また、鎌倉時代には禅宗とともに点心がもたらされ、菓子の文化が作られていきました。和菓子と仏教は、深いご縁で結ばれているのです。たとえば、白玉粉に砂糖や水あめを加えて練り上げた餅状の「求肥」は、もともと「牛皮」と書いていたものを、精進料理の観点から「求肥」と記すようになったといいます。また、禅僧によって中国から伝えられた「羊羹」は、もともと羊の肉を煮込んだスープがゼラチンにより固まった煮凝りのことでしたが、こちらも精進料理の観点から、羊ではなく小豆を用いるようになり、日本独自の「羊羹」となったのです。和菓子の魅力はその歴史とともに味わい深いものです。

ちなみに私は師匠への中元、歳暮などの贈り物は、必ず和菓子と決めています。そのこころは……？　これが本当の「我が師（和菓子）の恩」というものです☆

六月十七日【父の日】

アメリカではじまった「父の日」。この日は「父に感謝する日」として、毎年六月の第三土曜日に制定されています。

今から約二五〇〇年以上前にお生まれになったお釈迦様。その父はというと、名前をシュッドーダナといい、インドにいた釈迦族という小さな部族の王様でした。シュッドーダナは漢訳では「浄飯王《じょうぼんのう》」とされますが、その由縁は、シュッドーダナという言葉に「きよらかな白米」という意味があるからだといわれています。このようなことから、釈迦族は稲作を生業としていたことが窺えます。

若き日のお釈迦様は「いのち」について深く思い悩んだ末、王となる道を捨て出家をされましたが、悩んでいる我が子に、父・シュッドーダナは大変気を遣ったと伝えられています。また、最初はお釈迦様の出家に反対していたシュッドーダナでしたが、お釈迦様が出家されたあとは、お釈迦様の警護のため、五人の修行僧を同行させたといわれています。名前は浄「飯王」ですが、父としてはやはり、子「ボンノウ」な一面もあったかもしれませんネ☆

六月十八日

【おにぎりの日】

「おにぎり」の語源は諸説ありますが、ご飯を「握る」ことに加え、魔よけの意味を込めた「鬼斬り」に由来するともいわれています。

一九八七年、石川県鹿島郡鹿西町《ろくせいまち》（現・中能登町）の弥生時代の遺跡、杉谷チャノバタケ遺跡から「日本最古のおにぎりの塊」が発見されました。そこで、おにぎりで地域おこしをするために制定されたのが「おにぎりの日」です。日付は鹿西の「六」と、毎月十八日が「米食の日」であることに由来します。

また、おむすびの神社として慕われる東京都墨田区の高木神社では、高皇産靈神《タカミムスビノカミ》を御祭神としていることから、おむすびが描かれた御守りや絵馬を授かることができるそうです。

ちなみに私は結婚してから、男女共同参画推進員を務める夫とともに、それぞれの仕事の予定に合わせ、お互いにお昼ごはんのおにぎりを握る日々を送っています。

すると以前、私たちの「おにぎり」に名前を付けてくださった方がいました。男女が対等に助け合いの精神で握るおにぎりということで、「男女共同サンカク（三角）おにぎり」と呼ばれています☆

六月十九日【元号の日】

六四五年のこの日、天智天皇が日本で初の元号となる「大化」を制定しました。それ以来、現在の「令和」まで、二百四十八個の元号が定められてきました。

現代人にとって馴染み深い「西暦」、ところが仏教界では「西暦」よりも「元号」が使われる傾向にあります。なぜなら「西暦」は「西洋の暦」であり、イエス・キリストが誕生したとされる年を紀元元年とするキリスト教の文化だからです。ちなみに、仏教にも「仏暦」がありますが、こちらはお釈迦様がご入滅された年、またはその翌年を元年とする紀年法です。私の知り合いには、今でも仏暦で年賀状を下さる方がいらっしゃいます。

そういえば先日、家族でとあるお寺へ伺った際、ご住職がいいました。「こちらは歴史あるお寺なのですが、過疎化もあって、今は兼務（一人の僧侶が複数のお寺の住職をすること）寺なんです」。すると、これを聞いていた息子の目が輝きました。「え！　このお寺、すごい歴史やね！」……どうやら歴史好きの息子、「延暦寺」が元号の「延暦」に由来することから、「けんむでら」は「建武」の時代に建てられたお寺だと思ったようです☆

六月二十日【国際日系デー】

この日は、一八六八年、日本からの最初の集団移住者「元年者」がハワイに上陸した日にちなんだ記念日です。また、六月十八日は「海外移住の日」に制定されています。

二〇一一年、新婚旅行でハワイを訪れた際、日本の仏教寺院や神社が多数あることに驚きました。これは日系人が多く暮らすハワイならではといえるでしょう。このとき、私たち夫婦は天台宗ハワイ別院開教総長・荒了寛師にお会いすることができましたが、荒師は「思った通りにはならないがやった通りにはなる」、「苦しみが無くなるのではない　苦しみで無くなるのです」など、多くの人生訓を遺された僧侶であり、現在でも、その教えは書籍やカレンダーを通じて人々を励ましていますが、私にとってもかけがえのないご縁となりました。

ところで、「国際日系デー」にピッタリな仏像の豆知識があります。というのも、仏像は頭のてっぺんが盛り上がっていますが、あれは髪の毛ではなく頭の形であり、この盛り上がりの中に智慧がつまっているとされています。そのため、あの盛り上がりの部分を「肉」の「髻」と書いて……こちらも「日系」ならぬ、「肉髻《にっけい》」というのですヨ☆

六月二十一日【仕事も遊びも一生懸命の日】

「夏至」は太陽の黄経が九十度に達するときで、一年で北半球の昼が最も長く、夜が最も短くなります。二十四節気のひとつであり、太陽暦では六月二十一日頃となっています。

「働き方改革」に「ワークライフバランス」。これらは、私たちが充実した人生を送るために大切なものです。そこで制定されたのが「仕事も遊びも一生懸命の日」ですが、これは仕事と遊びのどちらが重要ということではなく、両方とも全力で取り組む日とすることを目的として、一年で一番昼の時間が長い「夏至」の日に定められました。

ちなみに、世間では物事に全力で熱中することを「○○三昧」といいます。ゴルフ三昧、仕事三昧、ゲーム三昧、贅沢三昧……と、あまり良いイメージの言葉ではありませんが、実は「三昧」とはもともと仏教用語で、修行によって心が静かに統一され、安定している状態のことをいいます。つまり、とても尊い境地を表す言葉なのです。

そのため、天台宗の総本山・比叡山延暦寺では、四種三昧という行がありますが……これは話すと長くなるため、続きは延暦寺で聞いてください！

「サンマイ」の説明は、ここで「オシマイ」☆

六月二十二日【かにの日】

「かにの日」は、十二星座で「かに座」の最初の日が六月二十二日が多いことに加え、五十音では「か」が六番目、「に」は二十二番目になることから制定された記念日です。

昔、あるところに観音様を深く信仰する親子がおりました。あるとき、娘が村人に食べられそうになっている沢蟹を自分の食べ物と引き換えに救いました。またあるとき、父親は蛇に呑まれそうになっている蛙を助けました。しかしそのとき、父親が蛇と理不尽な約束を交わしてしまったために、娘の身が危険にさらされてしまったのです。そこで、親子が一心に観音様を念じると、以前、娘が助けた沢蟹が現れ、蛇の体をハサミで切り、退治してくれたのでした。そこで親子は「あの沢蟹は観音様の化身に違いない」と考え、蟹と蛇を埋葬し、その上にお堂を建てました。これが、京都府木津川市の「蟹満寺《かにまんじ》」の始まりだと伝えられており、現在でも、蟹満寺では蟹供養の放生会が行われています。

それにしても、娘を救ってくれた勇敢な沢蟹。きっと、その使命を果たしたときはカッコよく笑みを浮かべたことでしょう。蟹なだけに、ニッと「口角（甲殻）」を上げてネ！

六月二十三日【国連パブリック・サービス・デー】

この日は、一九四五年、太平洋戦争の沖縄戦が終結したとされることから、「沖縄慰霊の日」にも制定されています。

国連パブリック・サービス・デーは、公共サービスが果たす役割を周知することなどを目的として制定された記念日です。公共サービスとは、政府から市民に対して提供されるサービスのことで、納税額に関係なく地域の全員に提供されるべきものです。

また、神社やお寺、教会などの宗教施設は公共施設ではありませんが、「公共性の高い場所」といえます。例えば、災害時に宗教施設に避難する人も少なくありませんが、それは、信者であるなしに関わらず、「誰に対しても開かれている場所」と認識されているからです。ちなみに今、この原稿を書いていたところ、夫から「今日はどんな話を書いてるの?」と聞かれました。そこで、「宗教の公共性について」と答えると、夫が「ああ、バチカンのこと?」といいました。

……ん? ……なんでバチカン? いやいや、夫よ、それは「コウキョウセイ」ではなく「キョウコウセイ(教皇制)」の間違いです!

六月二十四日【加藤清正の忌日】

熊本城内本丸にある「加藤神社」では、加藤清正公（せいしょこさん）を主祭神としてお祀りしています。

豊臣秀吉に仕え、賤ケ岳七本槍の一人とされた戦国武将・加藤清正公。熱心な日蓮宗の信者であり、陣旗や兜に「南無妙法蓮華経」のお題目を入れたことでも知られています。

清正公は一六一一年六月二十四日に亡くなりましたが、没後、神格化され、「清正公信仰」が生まれました。これは、清正公を祀って諸願成就を願う信仰で、日蓮宗を中心に行われてきましたが、明治時代の神仏分離によって神道による信仰も行われるようになりました。

また、清正公は熊本藩の初代藩主として難攻不落の名城・熊本城を築いた「土木の神様」として、現在でも熊本の人々から親しまれています。そのため、近年では、住民による「加藤清正をＮＨＫの大河ドラマに！」という運動も行われているそうですが、その願いはいつかきっと通じると思います。だって、清正公の幼名は虎之助。虎なだけに、「大河（タイガー）」ドラマにピッタリでしょう☆

六月二十五日【指定自動車教習所の日】

一九六〇年のこの日、指定自動車教習所制度を導入した道路交通法が公布されました。また、「六」「二」「五」は「無事故」と読めることから制定された記念日です。

交通安全の仏様といえば、馬頭観音様です。

馬頭観音様は頭上に馬の頭を置くお姿で知られますが、忿怒の相によって人々の苦しみを救う力を示す観音様です。

また、俗に馬の病気と安全とを祈る仏様とされ、馬は古来、交通手段として活躍していたことから、馬頭観音様は人々の交通を守る仏様として親しまれるようになりました。

ちなみに私は高校三年生のとき、実家近くの教習所へ通い運転免許を取得しましたが、あるとき、同い年の男子高校生と教習でペアになりました。すると、彼がいったのです。「僕、あなたのこと知ってます」「え?」「いつも、朝七時十二分の電車に乗ってますよね。僕、その……いつもあなたのこと、見てました」。このときばかりは少女漫画ばりの恋の予感がしましたが、私には高校卒業後に落語家の修業が待っていたため、残念ながら恋に発展することはありませんでした。

以上、私の甘酸っぱい「教習(郷愁)」の思い出でした☆

六月二十六日【雷記念日】

大和言葉の「かみなり」の語源は「神鳴り」だといわれています。その昔、雷は神様が鳴らすものであると信じられていました。

ピカッ！　ゴロゴロゴロ……！　九三〇年のこの日、平安京の清涼殿に落雷があり、大納言・藤原清貫をはじめ、朝廷の要人に多くの死傷者が出ました。人々は、この恐ろしい出来事は、太宰府に左遷された藤原道真の祟りだと信じるようになったといいます。そして、九四七年、菅原道真は北野社に天神様として祀られることになりましたが「天神」とは、「雷神」のことをいいます。

また、私たちは雷が鳴ると「くわばら、くわばら」と唱えますが、これは一説には、菅原道真の領地であった「桑原」には、雷が落ちなかったからだといわれています。

ちなみに、風神・雷神は、ともにインド最古の聖典とされる『リグ・ヴェーダ』に登場する自然現象を神格化した神様で、三十三間堂では千手観音様の眷属として二十八部衆とともに安置されています。それにしても、雷様といえば「太鼓」ですが、いつ頃からそのようなお姿で描かれるようになったのでしょうか？　それはきっと「太古」の昔から……☆

六月二十七日【奇跡の人の日】

この日は、沢山の困難を乗り越え、教育家、社会福祉活動家として人々のために献身した「奇跡の人」ヘレン・ケラーの誕生日に由来する記念日です。

「奇跡」――それは、常識では考えられない神秘的な出来事を表す言葉です。「奇跡」は宗教的真理の徴《しるし》とみなされるものでもありますが、実は、キリスト教の「奇跡」から生まれた諺があります。

『新約聖書』の「使徒言行録」九章には、キリスト教徒を迫害していたサウロについて書かれていますが、あるとき、サウロはキリスト教徒を迫害するうちに、目が見えなくなってしまいました。そのようなサウロに、キリスト教徒のアナニヤが手をかざしたところ、サウロの目からウロコのようなものが落ちて、目が見えるようになったのです。その後、サウロは洗礼を受け、パウロと改名し、キリスト教を広めていくようになりました。

このお話から、今まで分からなかったことが何かのきっかけで急に分かるようになることを「目からウロコ」というようになったといわれています。でも、これって本当にあった奇跡なのかって？　答えは、イエス！

六月二十八日【パフェの日】

明確な区別はありませんが、一般的にパフェは深めのグラスで底にコーンフレークを詰めたもの、サンデーは浅めのグラスでアイスクリームにトッピングしたものをいいます。

小さい頃、幼稚園の帰りに母がふと喫茶店でパフェを食べさせてくれることがありました。大人になった今でも、パフェを食べる瞬間は至福のひとときです。

パフェはフランス語で「完全な」を意味する「パルフェ」からとられた名前ですが、「パフェの日」は、一九五〇年のこの日、プロ野球で同じく「完全」を意味するパーフェクトゲームが達成されたことにちなんで制定されました。また、パフェと似たデザートに「サンデー」がありますが、これは、アメリカで日曜日に売られるデザートだったことから、「サンデー」と名付けられたのだといいます。そして、ここで注目したいのがその綴りです。デザートのサンデーは「Sunday」ではなく「Sundae」と書きますが、これは、日曜日がキリスト教の主の日であることに配慮された綴りなのだといわれています。それではここでクイズです！　女性僧侶が食べるパフェは何層で出来ている？　正解は……「二層（尼僧）」でした☆

六月二十九日【筋肉を考える日】

二十九日の金曜日は「筋肉を考える日」です。筋肉は健康に過ごすために大切な組織であるため、タンパク質をしっかり摂って、筋トレに励みましょう♪

筋肉好きの間で大人気の金剛力士。筋骨隆々の姿で表される金剛力士像は「仁王さん」の名でも親しまれ、仏法の守護神として、お寺の門に安置されています。

また、筋肉といえば、首から肩・背中にかけてひし形に広がる大きな筋肉のことを「僧帽筋」といいますが、これは、カトリック教会の修道僧の長頭巾に似ていることに由来する名前なのだそうです。

それだけではありません。足の踵の腱である「アキレス腱」は、ギリシャ神話に登場する英雄・アキレスの唯一の弱点であったことからその名が付けられたといいます。筋肉は、神話や宗教とも深い繋がりがあったのですね。

ちなみに私は日頃、正座ばかりで運動不足のため、近々、筋肉を鍛えるために山歩きに行こうかと思っていますが、山歩きへ行く際は、特に、背中の筋肉を意識して歩いてみたいと思います。そのこころは……？

これが本当の「ハイキン（背筋）」グ～！

六月三十日【夏越の祓】

この日は「むく（六）み（三）ゼロ（〇）」を目指す「リンパの日」でもあります。梅雨どきはむくみやすいため、マッサージや入浴でリンパの流れを良くしましょう♪

一年の半分にあたるこの日、全国各地の神社で「夏越の祓」が行われます。これは、半年の間に日常生活で知らずに身についた罪や穢を、「茅の輪くぐり」や「人形《ひとがた》納め」の神事を通じてお祓いし、一年の後半の安全を祈る神事です。

京都では、白い外郎の上に小豆を乗せた三角形の「水無月」という和菓子が行事食となっていますが、水無月があまり定着しなかった関東では、これまで、夏越の祓に決まった行事食はありませんでした。

そこで近年、栗や豆などが入った雑穀ごはんに茅の輪をイメージした夏野菜の丸いかき揚げをのせ、生姜を効かせたおろしだれをかけた「夏越ごはん」を普及させる動きが高まっています。その説明を読むだけでも美味しさが伝わってくる「夏越ごはん」。私も是非一度食べてみたいと思いますが、この新しい行事食が、神社なだけに、「浸透（神道）」すると良いですネ☆

七月

七月一日【更生保護の日】

この日は、一九六二年に法務省が制定した、一九四九年七月一日に「犯罪者予防更生法」が施行されたことに由来する記念日です。保護司として活動する住職も少なくありません。

毎年、この時期になると全国各地で「社会を明るくする運動」が行われます。これは、「更生保護の日」から一か月間を強調月間として行われるもので、犯罪非行を未然に防止すると同時に、罪を犯した人や非行をした少年の更生と、円滑な社会復帰を促進するための運動です。更生保護のためには保護司の存在や地域の協力が欠かせません。

また、仏教用語としての「更生」は「きょうしょう」と読み、過去を捨てて、まったく新しく生まれ変わることを意味します。

犯罪や非行の背景には、様々な「生きづらさ」があります。その生きづらさは、本人の努力不足や自己責任ではなく、社会構造や環境によって生み出されたものです。だからこそ、更生できる環境を調え、社会の一員である私たちが見守り、支える必要があるのではないでしょうか。「更生」した少年たちは、きっと、自ら輝くことのできる「恒星」になりますヨ☆

七月二日

【全国なまずサミット・なまずの日】

この日は、なまずで町おこしを行う全国の自治体などで開催する「全国なまずサミット」が制定した記念日です。日付は「な（七）ま（〇）ず（二）」の語呂合わせから♪

魚へんに念と書いて「鯰」。「念」は心や宗教に関する漢字ですが、ここでは「ねばる」という意味があるといいます。

その昔、第四代将軍・足利義持が、禅僧三十一人に問いました。「ツルツルの瓢箪で、ヌルヌルのナマズを押さえることはできるか」――この問いは、絵師の如拙によって「瓢鮎図」（鮎とは中国における鯰のこと）としても描かれましたが、瓢鮎図には、禅僧たちがこの問いにどのように答えたかも書かれています。

その答えとは一体どのようなものでしょうか？　瓢鮎図が伝わる臨済宗・退蔵院によると、「瓢箪で鯰を抑えて、鯰の吸い物を作ればいい。だが飯がなければしょうがない。砂でも炊いて飯でも作ろうか」など、様々な答えが書かれているのだそうです。

このような問答に答えはないのでしょうが、私もこれをひとつの参究テーマとして、一度、お堂に籠って、「なまず（飲まず）」食わずで考えてみたいと思います☆

七月三日

【通天閣の日】

この日は他にも「涙の日」、「波の日」、「諸の日」、そして、「七味の日」にも制定されています。

一九一二年のこの日、大阪市浪速区の歓楽街・新世界に「通天閣」が完成しました。

その名前は「天に通じる高い建物」という意味で、パリのエッフェル塔と凱旋門を模して造られたといいます。

また、通天閣といえば「ビリケンさん」ですが、ビリケンさんは、一九〇八年、アメリカの女性芸術家、フローレンス・プリッツが夢の中で見た幸福の神様がモデルとなっています。ビリケンさんの名は当時の大統領の愛称「ビリー」に「小さい」を意味する「ケン」を加えたものだそうですが、その親しみやすい名は、大阪の街と相性ピッタリですね。

日本には一九〇九年頃に伝わり、足の裏をなでるとご利益をいただけるといわれています。

ちなみに、ビリケンさんはトンガリ頭と吊り上がった目が特徴ですが、実は、ヘアスタイルにも気を遣っているそうです。

そのこころは……？　大阪の神様なだけに、「髪型（上方）」を大切にしています☆

七月四日【滝修行の日】

この日は、アメリカの「独立記念日」です。一七七六年七月四日、イギリスからの独立を宣言し、アメリカ合衆国が誕生しました。

「やっぱり、滝に打たれるんですか？」

修行の話題になると質問される項目ナンバーワン、それが「滝行」です。私自身は滝行をしたことはありませんが、比叡山での修行中は、水で体を清めてから行に取り組んでいました。

この日は、滝から流れ落ちる水の姿を英数字の七、合掌して滝に打たれる人を横から見た姿を英数字の四に見立て、滝行の歴史や文化を広める目的で制定された記念日です。

滝行は、「心身を清浄にする」、「迷い、悩みなどを断ち切る」、「不惜身命の心を養う」など、様々なご利益をいただけるといわれています。そのため、今も昔も宗教や宗派を超えて、多くの人が滝行を行っています。

ちなみに、私の知り合いにも自己鍛錬のため定期的に滝行をしている会社社長がいますが、最近は、社長仲間も誘ってみてはどうかとおススメしています。だって、せっかくの「滝行」ですから、是非「他企業」もご一緒に☆

七月五日【江戸切子の日】

江戸切子の代表的なカットパターンのひとつ、魚の卵をモチーフにした「魚子《ななこ》」の語呂合わせから制定された記念日です。

江戸時代から受け継がれる「江戸切子」――ガラスの表面に細かな模様を施した工芸品で、明治時代、西洋式のカットグラスの技法を取り入れたことから独自の技法を確立させていきました。

江戸切子の代表的な模様には、災いから身を守る「矢来紋」、子孫繁栄の「魚子紋」、子どもの健やかな成長を願う「麻の葉紋」など、縁起の良いものが多いですが、なかでも「七宝紋」は、仏教の「七宝」＝「七つの宝」に由来します。これは経典によっても異なりますが、阿弥陀経によると「七宝」とは、金、銀、瑠璃、玻璃、しゃこ、赤珠、瑪瑙・めのうのことで、江戸切子の七宝紋は「円満」や「平和」を表しています。

ちなみに、私の亡き父は江戸切子のグラスで日本酒を呑むのが好きでしたが、私はいつか江戸切子の「ランプ」が欲しいなと思っています♪

だって、江戸切子は、日本を代表する「伝統（電灯）」工芸ですからネ☆

七月六日【洗車雨】

この日は「記念日」という言葉を広く定着させるきっかけとなった「サラダ記念日」でもあります。歌人・俵万智氏の歌集の一首から生まれました。

ここ一番のデートの前日、あなたはどのような準備をしますか？

「七夕」は年に一度、織姫と彦星が会う日です。そこで、織姫と会うために彦星が行う準備にまつわる「洗車雨《せんしゃう》」という季語があります。これは、七夕の前日に降る雨のことで、彦星が織姫に会う際に使用する牛車を洗う水なのだそうです。大好きな人に会うために洗車する彦星の姿は想像するだけでもキュンとしてしまいますね♪

また、「七夕」は「棚幡」とも書きますが、「幡」はお寺で用いる仏具の一種で、お盆のときに精霊棚に安置するものです。七夕の起源は諸説ありますが、一説によると、中国から伝わった織姫と彦星のお話が仏教のお盆と融合され、今のかたちになったといわれています。

他にも、七月六日は「ナンの日」でもありますが、個人的には、この日は仏様へ帰依をする「南無の日」と呼んでいます☆

七月七日【カルピスの日】

一九一九年のこの日、日本初の乳酸菌飲料であるカルピスが誕生しました。この日は他にも「特撮の日」や「赤しその日」にも制定されています。

国民的飲料とも呼べる「カルピス」。実はこの商品名は仏教に由来するものです。というのも、「涅槃経」というお経には、教えの譬えとして、牛乳を精製するときに経る五つの過程が説かれていますが、これは

① 乳味（牛乳）
② 酪味（ヨーグルト）
③ 生酥味（生バター）
④ 熟酥味（精製バター）
⑤ 醍醐味（精製バターを溶かしたとき、表面にできる上澄み）

というもので、この中で、熟酥味を意味する「サルピス」と「カルシウム」のカルを合わせた商品名がカルピスだといわれています。

私の息子もカルピスが大好きですが、ここだけの話、希釈タイプのカルピス原液を割るときは、濃くても薄くてもいけないので、なかなか気を遣います。でも、この悩みは「原液」なだけに、子育て「現役」世代、共通の悩みかもしれませんネ☆

七月八日

【七転八起の日】

江戸落語の真打制度では、厳しい前座修業が終わると「二ツ目」に昇進します。これは、願いが叶うとダルマさんに目を入れて二つ目にすることに由来します。

何回失敗しても、また立ち上がる精神を、「七転八起」といいます。しかし、七回転んだのであれば、立ち上がるのも七回のはずです。なぜ、八回なのでしょうか?

これには諸説ありますが、人間は、生まれた瞬間から立てるわけではなく、周囲の人達のおかげで初めて立ち上がることができます。それを一回目とするため、起き上がる数も一回多くなるのだそうです。最初に立ち上がった、その命の営みに思いを馳せるだけでも、辛いとき、再び立ち上がる力が湧いてきます。

また、七転八起の由来は「ダルマさん」にあるといわれますが、ダルマさんのモデルは「達磨大師」という中国禅宗の開祖です。達磨大師は壁に向かって九年もの間、坐禅を組み続けたため手足がとれてしまい、そこから、手足のない「だるま」の形ができたといいます。何度転んでも、達磨大師様の不屈の精神にあやかって七転「八起」する人は、いつかきっと、本領「ハッキ」できるはずですよ☆

七月九日【泣く日】

この日は、泣くことで喜怒哀楽の感情表現の豊かさについて考える日です。湧き上がる感情は自然なものです。その感情にフタをせず、泣きたいときは泣きましょう。

今から約二千五百年前、お釈迦様がご誕生された際、ヒマラヤに住むアシタ仙人が「この子には二つの道がある」と予言しました。

一つは、国家の王様になる道、そしてもう一つは、出家して人類を救うブッダ（悟った人）となる道でした。そして、どちらの道を歩むのか分かるのは、二十九歳だといいます。

すると、仙人の目から涙がこぼれ落ちました。それは決して不吉な予感がしたからではありません。アシタ仙人は、将来、お釈迦様が悟りを開いてブッダとなる頃には、自分はこの世にいないので、その教えを聴くことができないのが悲しい、と涙を流したのです。

ちなみに、私のことをいつも導いてくださる先輩僧侶は、「私は団姫さんが将来立派な僧侶になるまで、アシタ仙人のように見守りますね！」といってくださいます。そして、こう付け加えます。「アシタ仙人のように見守る私のことは、どうぞ、アサッテ仙人と呼んでください☆」

七月十日【Stop！迷惑メールの日】

近年、架空請求メールや詐欺メールなど、迷惑メールが増加し、犯罪被害が拡大していることから、予防を目的として制定された記念日です。

「あなたのアメックスカードが不正利用されました！　至急、以下までご連絡ください！」

先日、夜中にこのようなメールが届きました。思わず「ええ!?　私のアメックスが!?……って、いやいや！　私、そもそもアメックス持ってへんから！」とノリツッコミをしてしまいました。しかし、迷惑メールはこのような分かりやすいものもあれば、巧妙な手口のものもあるため、いずれにしても注意が必要です。

ちなみに「迷惑」とはもともと仏教用語で、「迷い」や「道理に迷うこと」、また、「人を惑わせること」をいいました。これは「悟り」の対義語でもあり、真実の智慧が無く、道理に反したことに対して疑いもせず執着することも意味します。

それではここで、迷惑メールの被害者にならないように、謎かけをひとつ。

「迷惑メール」とかけて、「狼男」ととく、そのこころは、どちらも、「返信（変身）」したら危険です！

七月十一日【真珠記念日】

一八九三年のこの日、ミキモト創業者の御木本幸吉・御木本うめ夫妻が世界ではじめて真珠の養殖に成功しました。また、六月一日は「真珠の日」に制定されています。

「豚に真珠」――実はこれは、キリスト教の『聖書』に由来する諺です。『聖書』では「真珠を豚の前に投げてはならない」と説かれており、さらに、「彼らはそれを足で踏みつけ、あなたがたを攻撃する」と続けられています。ここから、値打ちが分からない者に値打ちのあるものを与えても意味がないということを「豚に真珠」というようになりました。また、この譬えから、イスラム教のみならず、キリスト教でも豚は不浄の生き物とされていたことが分かります。

ところで先日、バリバリ働く友人が、「私、今の仕事で大きなミッションを成功させたら昇進できるねん！　出世したら、自分へのご褒美としてミキモトの真珠のネックレスを買うって決めてるから、頑張るわ！」と息巻いていました。

「出世したら真珠を買う」をモチベーションに頑張る彼女をなんとも逞しく思いましたが、やはり、ミキモトの真珠なだけに「養殖（要職）」がポイントなのでしょうネ☆

七月十二日【マララデー】

二〇一三年のこの日、すべての子どもたちが教育を受ける権利を唱えるために立ち上がったマララ・ユフザイさん（当時十六歳）が国連でスピーチを行いました。

「テロリストが恐れているのは、鉛筆と本が私たちにもたらす力なのです」――二〇一二年、テロリストに銃撃されたマララさんは、翌年、国連でこのように語りました。マララさんはパキスタンで女子教育を広める活動をしてきたため標的にされましたが、その暴力に屈することなく、教育の大切さを訴えたのです。私はこの言葉を聞いたとき、『法華経』に説かれる「女人成仏」を思い出しました。ここでは、智慧を備え、道理に長け、利他の精神に満ちた「八歳の龍女」が悟りを開いた、と説き明かされています。解釈は様々ですが、悟りを開くためには、年齢も性別も関係ないということでしょう。世の中には、いまだ根強い年齢差別（エイジズム）が存在し、若者というだけでその言葉を受け入れられない人もいますが、それは、自身の学びや成長を阻むものになりかねません。あの日、国連総会で語られたマララさんの言葉の数々に、私は大きな希望と学びを得て、まさに、「爽快（総会）」な気持ちになりました☆

七月十三日【盆迎え火】

お盆は約千三百年前に日本に伝わったとされる行事ですが、その過ごし方やご先祖様のお迎えの仕方は地域によって様々で、時期も、関東は七月、関西は八月となっています。

あるとき、お釈迦様の弟子・目連さんが神通力で「あの世」をのぞきに行くと、亡き母が餓鬼道でお腹を空かせ苦しんでいました。目連さんは大急ぎで食べ物や飲み物を施しましたが、それらはことごとく燃え上がり、食べさせることができなかったのです。そこで目連さん、お釈迦様に救いを求めると、お釈迦様がいわれました。

「七月十五日に修行を終えた僧侶達が集まります。この僧侶達に食べ物・飲み物を施せば、その功徳はあなたの母を救うでしょう」。

目連さんが僧侶達に施しをすると、母は無事に餓鬼道から救われたのでした。ここから、人々に食べ物を施すと、自分の両親をはじめ、ご先祖様を供養することに繋がると考えられるようになり、様々な風習・文化とともに「お盆」となったのです。

それにしても、母を想い人々に食べ物を施した目連さんがお盆の起源だったとは！　だから昔から「ごはん」のことを「ママ」というのかも知れませんね☆

七月十四日【しんぶん配達の日】

新聞の戸別配達制度を支える人たちにスポットライトを当てるための記念日です。ネットニュースも便利ですが、関心を広く持てる紙面ならではの良さに再注目したいですネ☆

古典落語に『阿弥陀池』（別名『新聞記事』）という演目があります。

あるとき、ご隠居さんが新聞を読んでいると、近所の男がやってきました。男はご隠居さんに新聞のどこが面白いのかと尋ねましたが、ここで、ご隠居さんは「阿弥陀池」の通称で知られる和光寺に泥棒が入ったという記事を紹介しながら、新聞を読むことの大切さを教えたのでした。

ちなみに、この演目の地となっている阿弥陀池・和光寺は大阪の堀江にある浄土宗の寺院で、代々、女性僧侶が住職を務める由緒正しいお寺です。また、長野・善光寺のご本尊様は、この阿弥陀池から出現した阿弥陀如来様を本田善光《よしみつ》という人物が信濃へお連れした仏様だと伝えられています。

それではここで、落語界に古くから伝わる名作の謎かけをひとつ。「お坊さん」とかけて「朝刊」ととく、そのこころは、「袈裟着て（今朝来て）経（今日）読む」でしょう♪

七月十五日【お中元】

お盆の精霊棚には「精霊馬」と呼ばれるナスやキュウリで作った牛や馬をお供えします。これは、ご先祖様の御霊が乗る乗り物とされています。

お中元は、中国の道教に由来します。

古来、道教では、一月十五日を「上元」、七月十五日を「中元」、十月十五日を「下元」とする「三元」が「贖罪の日」とされ、神を祀る日とされてきました。その習俗が日本へ伝わり、日本の盂蘭盆会と重なったことから、祖先の御霊を供養するとともに、家族が一年の前半を無事に過ごせたことに感謝して、仏様に供える供物を親類や近所に贈る習慣ができたのです。そして、江戸時代以降、現在のような、上司や恩人へ贈り物をする「お中元」の形になりました。

そのため、お中元に相応しい品物は、ご先祖様へのお供え物ともいえますが、お中元の定番のひとつ「そうめん」は、ご先祖様と子孫である私たちを繋ぐ糸であり、ご先祖様の御霊が乗る牛や馬の手綱という意味があるといわれています。

起源が道教の「贖罪の日」なだけに、贈る「食材」についても知っておきたいですネ☆

七月十六日【虹の日】

七色と読む語呂合わせから制定された記念日です。この日は他にも「からしの日」などに制定されています。

「雨（ｒａｉｎ）」の「弓（ｂｏｗ）」の意味を持つ、「虹（ｒａｉｎｂｏｗ）」。

日本では一般的に七色とされますが、アメリカやイギリスでは六色、フランスやドイツでは五色と、国によってその認識は様々です。

また、虹は各色の間に明確な境界を引くこともできない性質から、「多様性」や「共存」の象徴とされますが、ここから、レインボーフラッグ（虹色の旗）が性的マイノリティの尊厳と社会運動を象徴するものとなりました。

仏教界でも、近年、性的マイノリティについての学びや取り組みが進んでいますが、大阪府守口市の性善寺では、性的マイノリティ当事者である住職の柴谷宗叔師が、悩み相談をはじめ、性自認に沿った戒名の授与や同性カップルの仏前結婚式を行っています。

ちなみに、私も日によって虹色の輪袈裟を付けることもありますが、レインボー輪袈裟を付けているときは、私のことを是非、「レイン坊」と呼んでくださいね☆

七月十七日【世界絵文字デー】

「絵文字」は一九九九年、日本で生まれた文化です。日付は、多くのスマートフォンの「カレンダー」の絵文字が七月十七日を表示していることに由来します。

仏教界には、元祖・絵文字といえる「絵心経」があります。これは、その昔、字が読めない庶民のために開発されたもので、たとえば、お釜を逆さまにした絵を「かま」の反対で「まか」と読ませ、般若のお面で「はんにゃ」、お腹の絵で「はら」など、絵を読むだけで「まかはんにゃはら……」とお経をお唱えできるように工夫されています。

絵文字は年々進化しており、近年では、ジェンダー平等や、様々な人種の肌色に配慮された絵文字も増えています。また、宗教関係では、メッカをはじめ、キリスト教会、イスラム教寺院、神社、神殿などの絵文字もあります。私は合掌マークや数珠マークをよく使いますが、先日、母親から「今日は繁昌亭？　頑張ってね🐧」と、ペンギンマークが送られてきたので、思わず、「ペンギンはやめて！」と返信してしまいました。だって、ペンギンマークで落語の応援をされると、どうも、高座で「すべる」気がしてしまうから…！

七月十八日【ホタテの日】

毎年、七月の第三月曜日は「漁師の日」に制定されています。『新約聖書』に登場するヤコブは、元・漁師だったと伝えられています。

毎月十八日はホタテ消費拡大のために制定された「ホタテの日」です。日付はホタテの「ホ」の字を分解すると、「十」「八」になることに由来します。

ホタテはフランス語で「聖ヤコブの貝」と呼ばれていますが、聖ヤコブとは、イエス・キリストの十二使徒のひとりで、キリスト教では守護聖人としても崇敬されています。

ではなぜ、「ホタテ貝」が「聖ヤコブの貝」なのかというと、これには諸説ありますが、「聖ヤコブが布教中にホタテ貝を杖にぶら下げ、水をすくって飲んだから」とか、「聖ヤコブの遺体を運んだ船の底にホタテ貝が沢山付着していたから」……など、様々な言い伝えがあります。このようなことから、ホタテ貝は聖ヤコブのシンボルとされているのです。

今回、私はホタテと宗教の繋がりについて調べていくなかでこれらのエピソードを知ることができましたが、ホタテなだけに、頑張って調べた「カイ（貝）」がありました♪

七月十九日【二千円札の発行が始まった日】

二千円札は、二〇〇〇年に政府のミレニアム（千年紀）事業のひとつとして発行がはじまりました。

お寺業界でややこしい漢字。それが「札」です。私たちは日頃、祈祷札などを「お札（おふだ）」といいますが、「お札」は一般的に「おさつ」と読む場合が多いので、お札を郵送する際、封筒に「御札」と書くと、郵便局でとてもややこしいことになるのです。

ところで、お札の中でもなかなかお目にかかれないのが二千円札です。

二千円札の表には二〇〇〇年のサミット開催地であった沖縄の守礼門が描かれていますが、「守礼」とは「礼節を守る」という意味があります。

この門の名前は明の皇帝が一五七九年に「琉球は守礼の邦と称するに足りる」といったことに由来していますが、実際に、守礼門には「守礼之邦」と書かれた扁額が掲げられており、これは、琉球は「儒教」の原則を守るという宣言でもあったといわれています。

沖縄旅行の際は、そのような歴史も味わいながら守礼門を「通過（通貨）」してくださいネ☆

七月二十日【月面着陸の日】

一九六九年のこの日、アメリカのアポロ十一号が月面に着陸し、人類が初めて月面に降り立ちました。

その昔、森に一匹のウサギが住んでいました。ウサギはいつも他の動物たちに布施の大切さを説いていましたが、ある日、森にお腹を空かせた僧侶がやってくると、ウサギ以外の動物はすぐに僧侶に施しをしましたが、ウサギだけは季節柄、施せる食べ物がありませんでした。するとウサギは「私の体を食べてください！」と、自ら焚火の中に飛び込んだのです。しかし、ウサギは死にませんでした。なぜならこの僧侶の正体は帝釈天だったからです。帝釈天はウサギの布施の心を試すため、僧侶として姿を現したのでした。そして、ウサギの布施の心を知った帝釈天は、ウサギの優しい心が人々に伝わるよう、月にその姿をとどめることにしました。このウサギこそ、お釈迦様の前世のひとつだと伝えられています。仏教の十二天のひとり、月天《がってん》様は、ウサギが描かれた月輪を手にされていますが、この物語のことを考えると、「月天」様なだけに「合点」がいきますネ♪

七月二十一日【日本三景の日】

この日は、松島・天橋立・宮島を「日本三景」として絶賛した江戸時代の儒学者・林春斎の誕生日（一六一八年七月二十一日）にあわせ制定された記念日です。

海の青、松の緑――日本には素晴らしい景色があります。ここでは、日本三景とともに人々を出迎える神社仏閣をみていきましょう。

まずは、宮城県・陸奥の松島です。松島には松島四大観と呼ばれる四つの高台があり、それぞれ印象の大きく異なる松島の姿を眺めることができます。ここでは、鹽竈《しおがま》神社をはじめ、伊達家の菩提寺である瑞巌寺、東北最古の桃山建築の五大堂などがおススメです。

また、京都府の天橋立は、全長約三・六キロメートル、幅二十～一七〇メートルの砂洲に約六七〇〇本もの松が生い茂る神秘的な造形で、日本三文殊第一の霊場・智恩寺や、美人観音として知られる成相寺をお参りすることができます。

そして、広島県の安芸の宮島は瀬戸内海に浮かぶ信仰の島で、世界文化遺産に指定されている厳島神社が有名です♪

絶景に神社仏閣あり！　皆さんも是非、日本三景へおでかけの際には、それぞれの神社やお寺に「参詣（三景）」してみてくださいネ♪

七月二十二日【ザビエルが上陸した日】

大阪府堺市の「ザビエル公園」は、一五五〇年に堺へ来たザビエルを手厚くもてなした豪商・日々屋了慶の屋敷跡に作られた公園です。

一五四九年八月十五日（旧暦七月二十二日）、イエズス会の宣教師フランシスコ・ザビエルが鹿児島へ上陸しました。これは、ザビエル四十四歳のときであったといいます。ザビエルはマラッカで日本人のヤジロウと出会ったことをきっかけに来日しましたが、鹿児島に上陸後、長崎の平戸、山口、大阪の堺、京都……と、布教の旅をしました。ザビエルは活動の中で周防の守護大名・大内義隆から山口での宣教を許されましたが、その際、大道寺という廃寺を与えられ、ここが日本で初めての教会堂となったといいます。また、ザビエルは鹿児島で福昌寺の禅僧・忍室和尚とたいへん親しい間柄となり、様々な対話を重ねたことが記録されています。

厳しい航海の末、日本に上陸したザビエル。その人生をかけた布教は、私も同じ宗教者として尊敬しています。神様の教えを伝え続けた生涯は、宣教師として、「後悔（航海）」はなかったでしょうネ☆

七月二十三日【米騒動の日】

この日は、大暑の頃にカシスが収穫されることから、「カシスの日」に制定されています。カシスポリフェノールには末梢血流の改善作用が期待されています。

一九一八年のこの日、富山県魚津市の住民ら数十人が県外への米の積み出しをやめて地元住民に販売するよう集団運動を起こしました。これが全国へ広がり、生活難に苦しんでいた大衆が、米を通常より安く売る「廉売」を要求して、米屋・富豪・警察などと衝突した「米騒動」へと発展していったのです。

このとき活躍したのが、淑徳大学の創設者であり、社会事業家の浄土宗僧侶・長谷川良信師です。長谷川師は恩師が開発した浄土宗労働共済会の手伝いで貧しい暮らしをする人々の支援活動をしていましたが、庶民の窮状を知り、志を同じくする同級生とともに米屋を調査することにしました。その結果、南京米であれば安価で手に入ることが分かったため、南京米を買い付け、庶民に向けて「廉売会」を開催したのです。この行いにより、多くの人が救われました。大暑の時期に起こった米騒動ですが、長谷川師の素晴らしい「対処」も覚えておきたいものですネ☆

七月二十四日【河童忌】

毎月二十四日はお地蔵様のご縁日です。お地蔵様は私たちの身近なところにいらっしゃる仏様で、子どもたちの守り仏としても親しまれています。

『羅生門』などで知られる小説家・芥川龍之介。河童の絵を好んで描き、小説『河童』を発表したことなどから、命日であるこの日は「河童忌」と呼ばれています。では、芥川龍之介を魅了した河童とはどのような存在なのでしょうか？　広辞苑によると、「水陸両生、形は四～五歳の子どものようで、顔は虎に似、くちばしはとがり、身にうろこや甲羅があり、毛髪は少なく、頭上に凹みがあって、少量の水を容れる。その水のある間は陸上でも力強く、他の動物を水中に引き入れて血を吸う」とあります。河童にまつわる信仰は全国各地さまざまですが、水の神様とされることもあれば、妖怪といわれることも！　ちなみに河童は相撲好きだそうですが、一説には、お仏前に供えられたお仏飯を食べたあとに相撲をとると、子どもでも河童に負けない、といわれているそうです。それではここで謎かけをひとつ。「河童が二匹」とかけて、「元気な子ども」ととく、そのこころは、「河童ツー（活発）」☆

七月二十五日【天神祭りの日】

大阪天満宮と深いご縁をいただいている上方落語の定席・天満天神繁昌亭では、毎月二十五日に「天神寄席」を開催しています。

大阪・夏の風物詩「天神祭り」――日本三大祭りの一つに数えられ、毎年、六月下旬〜七月二十五日の約一か月にわたり諸行事が行われます。特に、二十五日の本宮の夜、多くの船が大川を行き交う「船渡御」が有名です。

また、天神祭りでは船がすれ違うときに「大阪締め」を交わしますが、これは、一本締めや三本締めとは違う大阪独自の手締めです。

その作法はというと、まずは「打ちましょ」の掛け声で手をパンパンと二度打ち、「もひとつせ」の声でパンパン、「祝うて三度」でパパン、パンと叩きますが、このとき、ポイントとなるのが最後の「パパン、パン」です。というのも、どうしてもこの部分がずれやすくなるため、大阪締めの際はあらかじめ「パパン『が』パンと打ちましょう」「『が』の部分は手を打ちません」などと呼びかけます。この「が」の部分について、私の大師匠はよく人生訓を交えて解説していました。

「人間は、大事なときに『我』をはったらあきませんで」☆

七月二十六日【幽霊の日】

この記念日は、一八二五年のこの日、鶴屋南北作の『東海道四谷怪談』が中村座で初演されたことに由来する記念日です。

その昔、箱根権現参拝を終えた巡礼者が、山中で女性の幽霊に出会いました。聞けばこの亡女、旅の途中に命を落としたため、夫に自分の死を伝え、大阪・平野の大念佛寺で回向をして欲しいといいます。これを聞いた巡礼者。亡女からその証として、着物の片袖と香合を預かると、亡女の夫の元へ行き、その品々を見せて事と次第を伝えました。そして、妻の死を知った夫は大念佛寺の第三十六世・道和上人に回向を願い出たのです。そこで、道和上人が一心に亡女の回向をすると、忽然と女人が現れ、極楽往生を遂げたことを告げて西の空へ飛び去っていったと伝えられています。現在でも、亡女のものとされる片袖と香合は大念佛寺に宝物として伝わり、年に一度、同寺で開催される『幽霊博物館』で鑑賞することができます。

それではここで、謎かけをひとつ。「幽霊」とかけて、「終電を逃したとき」ととく、そのこころは、どちらも、「足がない」でしょう……！

七月二十七日【スイカの日】

この記念日は、スイカの縞模様を綱に見たてると、二七は「つな」という語呂合わせができることに加え、スイカは夏の果物を代表する「横綱」であることから制定されました。

「ゴマを拾ってスイカを落とす」——中国に伝わる、小さな利益のために価値あるものを失うという意味の諺です。その中国から日本にスイカを伝えたのは、江戸時代の僧・隠元禅師（四月三日参照）でした。この時期、スイカはお供え物としてご宝前にあがることも多いですが、一説によると、丸い果物は「えん」＝「縁」を連想させるため、ご先祖様とのご縁という意味があるといいます。スイカは水分が豊富で熱中症対策にも効果的な有難い果物ですが、ご先祖様のおさがりとしていただくスイカは、いただく人の心も潤してくれそうですね♪

ところで先日、ネイルサロンを経営する信者さんとお話していると、サロンでは夏限定でスイカのデザインのネイルもされているとのことでした。そこで思わず「スイカまで出来るなんて、さすがプロですね！」というと……？　この信者さん。「はい！　スイカのデザインは、うちのお店の『売り（瓜）』ですから」☆

七月二十八日【地名の日】

この日は、アイヌ語地名研究家・山田秀三氏の命日であり、地名研究家・谷川健一氏の誕生日であることから制定された記念日です。

大阪という地名は、室町時代に活躍した浄土真宗中興の祖・蓮如上人に由来するといわれています。蓮如上人は現在の大阪城とほぼ同じ場所に石山本願寺を建立しましたが、当時、この地は「小坂」といいました。そして、「小」よりも「大」のほうが縁起が良いことから、「小坂」が「大坂」に改められたと伝えられているのです。

また、「坂」という漢字は明治になってから「阪」の表記で統一されるようになりましたが、一説には、「坂」は「土」に「かえる」、つまり「死」を連想させるため、「阪」の漢字が使われるようになったのだそうです。

全国各地、どの地名にも、人々の営みがあり、歴史があります。私は仕事がら、さまざまな場所へ行きますが、やはり、公演ではその土地の名前を間違えないよう気を付けています。だって、もしも公演先の地名を間違えたら、これがホンマの「致命的（地名的）」なミスになってしまいますからネ！

七月二十九日【七福神の日】

七福神が宝船に乗った姿で描かれるのは、神々から福徳をいただき、社会の荒波を無事に乗り切っていけるようにという大きな願いが込められているのだそうです。

「七難即滅　七福即生」――これは、火難や水難、盗賊難などの七つの難を滅すれば、七福が生ずるという『仁王経』に説かれる教えです。七福神信仰はこの教えに由来します。

七福神は、白髪でお馴染み、長寿をあらわす「寿老人」、長い頭が特徴の、人望をあらわす「福禄寿」、正直をあらわし、知足の心を持つ「恵比寿」、契此《けいし》という実在の僧侶がモデルとなった「布袋」、威光をあらわす「毘沙門天」、台所に祀られ毎日油で身体を拭われたため真っ黒になったとされる「大黒天」、そして、愛嬌をあらわす「弁財天」と、賑やかで有難い神様たちで構成されています。

ちなみに、私の師匠は寄席芸の「百面相」を得意としますが、百面相では七福神も次々と登場するため、大変おめでたい芸とされ、お祝いの席でも喜ばれる演目のひとつです。落語のみならず、師匠の「百面相」はまさに名人芸ですが、やはり、七福神なだけに、「縁起（演技）」が良いでしょう♪

七月三十日【梅干の日】

「土用干し」とは、夏の土用にカビや虫害を防ぐため、衣服や書物などを干す行事です。土用干しの梅干は日光に当たることで殺菌され、より保存力を高めます。

禅宗のお寺へ行くと、「梅湯」のおもてなしをいただくことがあります。これは、砂糖や水飴、ハチミツなどを溶かしたお湯に梅干を浸していただくもので、体内の循環を整える作用があります。奈良時代、仏教とともに伝来した梅干は、「難が去る」食べ物とされ、「三毒（水毒・食毒・血毒）を断つ」ともいわれてきました。私も比叡山での修行中は、毎朝梅干をいただいておりましたが、日々修行でクタクタになる中、梅干を食べた瞬間に心身に力が満ちていく、あの感覚が今でも忘れられません。

この時期は、土用干しの梅干が終わり、新物の梅干を食べられることに加え、七月三十日は「ナンガサル」の語呂合わせになることから、この日が「梅干の日」に制定されました。

それではここで、なぞかけをひとつ。「紀州の梅干」とかけて、「オロナイン」ととく、そのこころは、どちらも「南高（軟膏）」の代名詞でしょう☆

七月三十一日【ビーチの日】

古来、海の恩恵を受けてきた島国、日本。その海との境目であるビーチが通年で活用されるように「波（七三）がい（一）い」の語呂合わせから制定された記念日です。

世界中のキリスト教徒を励ましている『砂の上の足跡』という詩（作者マーガレット・F・パワーズ、以下著者意訳）があります。

ある人が夢を見ました。その人は神様といつも一緒に人生を歩いてきました。その人生の砂浜には自分と神様二人分の足跡がついています。しかし、よく見るとところどころ一人分の足跡しかないところがあります。思い返してみると、そこはとてもつらい出来事があったところでした。その人はいいました。

「神様、貴方はいつも私のそばにいてくださいましたが、本当に辛いときはそばにいてくれなかったのですか？」

すると、神様は答えました。

「そうではない、本当につらいとき、私はあなたをおぶって歩いていたのだ」。

この感動的な詩は決して聖書そのものの「みことば」ではありませんが、砂浜なだけに、海と陸との「境界（教会）」で語り継がれているそうですよ☆

八月

八月一日【水の日】

限りある資源を大切にするため、日本政府が設けた記念日です。八月は年間で最も水の使用量が多いことから、この日から一週間を「水の週間」として節水を呼びかけています。

お寺巡りをしていると、「閼伽井《あかい》」と呼ばれる井戸を見かけることがあります。「閼伽（あか）」とは見慣れない漢字ですが、これはサンスクリット語のargha（アルガ）の音写で「功徳水」と訳される、仏様にお供えする水のことをいいます。

「三井寺」として親しまれる天台寺門宗の総本山・園城寺には、重要文化財の「閼伽井屋」がありますが、園城寺は、この屋内の岩組から湧き出る霊泉が、天智・天武・持統の三帝の産湯に用いられたことから「御井の寺」＝「三井寺」と呼ばれるようになりました。現在、三井寺の金堂西側にある閼伽井屋から湧き出ている清水が「御井」そのものとされています。

ちなみにこの日は「水の日」にちなみ「洗濯機の日」にも制定されていますが、洗濯機を買い替えるときは、節水機能に優れた洗濯機を選びたいものですね。

「洗濯」なだけに、エコなものを「選択」しましょう♪

八月二日【ハニーの日】

この日は他にも「ハラスメントフリーの日」「ハープの日」「ハブの日」「ハーブの日」「ビーズの日」「帆布の日」など、語呂合わせから様々な記念日に制定されています。

あるとき、旅人が荒野を歩いていると、象が追いかけてきました。旅人は藤蔓を伝って古井戸に隠れましたが、井戸の底では大蛇が口を開けています。こうなると、旅人の命綱はたった一本の藤蔓ですが、その蔓の根元を白鼠と黒鼠が交互にかじりはじめたのでした。慌てて蔓を揺さぶると、蔓の根元にあった蜂の巣から甘い蜜が五滴こぼれ落ち、旅人の口の中へと入りました。旅人はその甘さにしばし恐怖を忘れ、ただただ蜜が落ちてくるのを待ち望んだのです。

これは、目先の快楽に惑わされている人間の愚かさを表した「黒白二鼠の譬え」と呼ばれる仏教の教えです。旅人は人生を旅する私たち、荒野は迷い、象は無常、藤蔓は寿命、大蛇は死、二匹のネズミは月日の経過、五滴の蜜は人間の欲望をあらわしているのですね。

それではここで、謎かけをひとつ。「黒白二鼠の譬え」とかけて、「感染症」ととく、そのこころは、「蜜（密）」には気を付けましょう！

八月三日【学制公布】

一八七二年八月、政府が日本初の学制を全国に公布しました。これは近代学校制度に関する規定でしたが、計画通りに実施されず、一八七九年、教育令の制定により廃止されました。

学校で学ぶ人のことを「学生」といいます。仏教では「がくしょう」と読み、もとは寺院に仮住まいをしながら仏教以外の学問を学ぶ者をあらわす言葉でしたが、日本仏教では、仏教を学ぶ者に用いられます。

天台宗では伝教大師・最澄上人が記した『山家学生式』を大切にしますが、これは、最澄上人が比叡山で天台宗を開くに当たり、人々を幸せへ導くための人材を養成したいという熱い想いを著述し、嵯峨天皇に提出されたものです。「一隅を照らす」（二月十五日参照）や、「忘己利他」などの重要な教えも、ここに説かれています。

ちなみに学生といえば、九州出身の私の師匠曰く、九州には焼酎のことを教える学校があるのだそうです。この話を初めて聞いたときは本当に驚いたので、師に尋ねました。

「師匠、それはどのような名前の学校ですか？」すると師匠。

「これがホンマの『小中（焼酎）』学校や！」。

八月四日

【比叡山宗教サミットの日】

この日は「箸の日」でもあります。長年愛用してきたお箸を捨てづらいという方は、全国各地の寺社で行われている「箸供養」がおすすめです。

毎年八月四日、天台宗の総本山・比叡山延暦寺では、比叡山宗教サミットが開催されます。これは、一九八六年、イタリア・アッシジで開かれた「世界平和祈願の日」の精神を引き継ぎ、翌年から比叡山で開催されるようになったサミットで、世界中からキリスト教、イスラム教、仏教、神道……と多様な宗教者が集い、お互いの信仰を認め合って、ともに平和を祈ります。

私もキリスト教徒の夫と暮らしていますが、まさに、この宗教サミットの精神で結婚生活を送っています。

ドイツの巨匠ゲーテは「外国語を知らない者は自国語も知らない」という格言を残しましたが、宗教サミットでの交流は、他宗教を知る中で、自身の信心を深める機会でもあります。でも、深まるのは「信仰」だけではありません。お互いの「親交」も深まるサミットなのですヨ☆

八月五日【ハハとコドモの日】

この日は、母と子どもの絆の大切さを考える日です。他にも、「はしご車の日」や「発酵の日」「奴《やっこ》の日」「ハンコの日」など、さまざまな記念日に制定されています。

「今どきの小学生は、友達の家で遊ぶとき、お菓子を持参するのが暗黙のルールなんです。でも、うちはとてもお菓子を買う余裕など無くて……そのせいで、子どもが友達と遊ぶのを断るようになって、そこから学校にも行きづらくなってしまったようなんです」。

数年前、ひとり親家庭の女性からいただいたご相談です。貧困は、衣食住だけではなく、子どもの人間関係にも大きな影響を及ぼしています。

仏教界では、二〇一三年、大阪で母子が餓死状態で発見されたことをきっかけに、「おてらおやつクラブ」が発足し、お寺にあがる「おそなえ」を、仏様からの「おさがり」として、困りごとを抱えるひとり親家庭に「おすそわけ」する活動がはじまりました。この活動は多くの親子を心身共にサポートしています。それではここで、謎かけをひとつ。

「おてらおやつクラブ」とかけて、「名曲」ととく、そのこころは、ひとつひとつの「菓子（歌詞）」に励まされるでしょう☆

八月六日【ハムの日】

一九四五年八月六日、広島に原子爆弾が投下され、約十四万人の尊い命が奪われました。二度とこのような悲劇を繰り返さないと誓う「平和記念日」です。

実はここだけの話、僧侶もお肉を食べることがあります。というのも、仏教では「三種の浄肉」と呼ばれる、僧侶が食べても問題ないとされる条件のお肉があるのです。その条件とは、次の三つとされています。

①　殺されるところを直接見ていないもの
②　自分のために殺されたと聞いていないもの
③　自分のために殺されたのではないかという疑いのないもの

たとえば私の場合、家族で食事中に息子が鳥肉を残したとします。私はその鳥が殺されるところを直接見ていませんし、私のために殺された鳥だと聞いていません。そして、息子のために調理された鶏ですから、私はこれを「勿体ない」の精神でいただきます。このように、普段は「自ら率先してお肉を食べることは避ける」という気持ちで生活しています。

でも、お肉を食べることがあっても、決して僧侶は肉食系ではありません。私たちは仕事のとおり、「草食系（僧職系）」なんですヨ☆

八月七日【鼻の日】

この日は「バナナの日」でもあります。バナナは手軽に食べることができ、栄養も豊富なため、バナナを食べて暑い夏を元気に乗り切って欲しいという願いから制定されました。

「ハ……ハ……ハクション！」――誰もが経験したことのある「くしゃみ」。実はこれは、仏教に関係する言葉です。

というのも、もともと「くしゃみ」の由来は「クサンメ」というサンスクリット語で、「長寿」を意味する、病を追い払う呪文でした。なぜそのような呪文が症状そのものを表す言葉になったのかというと、あるとき、お釈迦様がくしゃみをされたとき、心配したお弟子さんたちがお釈迦様の無病息災を願い、一斉に「クサンメ、クサンメ」とお唱えしたことから、「くしゃみ」となったのです。そう考えると、大切な人への気遣いから生まれた「くしゃみ」は、英語圏でくしゃみをした人に向けられる「God bless you（神のご加護がありますように）」に通ずるものがあります。

というわけで、「ハクション！」を「くしゃみ」と呼ぶようになったキッカケはお釈迦様ですが、そのお釈迦様のことを私たち仏教徒は「シャクソン（釈尊）」と呼ぶのですヨ☆

八月八日【雪舟の忌日】

そろばんをはじくとき、パチ（八）パチ（八）と音をたてるところから、この日は「そろばんの日」にも制定されています。そろばんの七十％は兵庫県小野市で生産されています。

一四二〇年、現在の岡山県総社市で誕生した禅僧・雪舟は、とにかく絵を描くことが大好きな小僧さんでした。そのため、お寺での修行になかなか身が入らなかったといいます。

あるとき、そのような雪舟をこらしめるため、住職が雪舟を柱にくくりつけてしまいました。しばらくして住職が様子を見に行くと、雪舟の足元に一匹のネズミがいます。しかし、これは本物のネズミではなく、雪舟が自分の流した涙を足の指につけて床に描いたネズミだったのです。それがあまりにも見事だったので、住職は雪舟が絵を描くことを認めるようになりました。その後、雪舟は水墨画の名人となり、全国各地に素晴らしい作品をのこしました。そして、一五〇六年のこの日、八十七歳でその生涯を閉じたのです。

それではここで、ネズミの小咄をひとつ。

「ネズミ捕まえたよ！」「大きなネズミだね」「小さいよ！」「大きい！」「小さい！」

……すると、真ん中でネズミが「チュウ（中）」☆

八月九日【かばんの日】

「かばんの日」は「バ（八）ッグ（九）」の語呂合わせから制定された記念日です。かばんの生産量日本一は兵庫県豊岡市で、その起源は千年以上遡るといわれています。

「お坊さんの鞄って、イケてますよね！」――先日、お洒落な若者から声をかけられビックリしました。「頭陀袋」が「イケてる」かどうかなど、考えたこともなかったからです。

僧侶が携える「頭陀袋」の「頭陀」とは、煩悩の垢を払い落とし、衣・食・住に貪りを持たず、ひたすら仏道を修行することを表す言葉でした。そこから、修行僧が物を入れるために首からかける袋を「頭陀袋」と呼ぶようになり、転じて、何でも入れられるだぶだぶした袋のことを指すようになったのです。

私も托鉢のときはもちろん、僧衣で移動する際は頭陀袋を使用していますが、機能性も高く、重宝しています。

ちなみにこの日は「かばんの日」以外にも、語呂合わせから「野球の日」などに制定されていますが、個人的には「仏様のお慈悲の日」と考えています。

なぜなら、仏様が私たちの苦しみを抜いてくださることを「抜苦《ばっく》」といいますからネ☆

八月十日【手（ハンド）の日】

この日は他にも「鳩の日」、「ハートの日」、「はとむぎの日」、「ハットの日」などの記念日に制定されています。

「じゃんけんぽん！」——私たちの日常生活の様々な場面で活躍する「じゃんけん」。これは仏教の「料簡法意《りょうけんほうい》」に由来する掛け声です。

もともと「料簡」とは、「考えをめぐらす」「思慮して分別する」という意味の言葉で、「法意」とは、お釈迦様の説かれた教えのことをいいました。そのため、「料簡法意」は、お釈迦様の教えに考えを巡らし、自分の思いや都合を挟まずに無心でものごとを決めることをいったのです。ここから、「りょうけんほうい」が、物事を決めるときの掛け声「じゃんけんぽん」に転じていきました。

それではここで、クイズです。

神様と仏様がじゃんけんをしたところ、あいこになりました。では、神様と仏様は、一体なにを出したでしょうか？

正解は、「チョキ」です。

そのこころは……？　宗教は違っても、平和を願う神様と仏様ですから、「チョキ」＝「ピース（平和）」に決まっているでしょう☆

八月十一日【山の日】

山の日は「山に親しむ機会を得て、山の恩恵に感謝する」ための国民の祝日です。『広辞苑』では、山とは「特に比叡山、また、そこにある延暦寺の称」と紹介されています。

比叡山延暦寺、高野山金剛峰寺……お寺には「山号」と呼ばれる称号があります。これは、もともと寺院の多くは山の中に建てられ、その山の名で呼ばれたことに由来します。日本へは禅宗とともに中国より山号の制が伝えられ、のちに平地の寺院にも波及しました。私が住職を務めるお寺も街中にありますが、「不軽山」という山号を冠しています。

また、山といえば、日本では古来、「山岳信仰」が守られてきました。これは、山に超自然的な威力を認め、あるいは霊的存在とみなす信仰です。土俗信仰としてあったものが民間信仰として生き続け、のちに仏教とも習合して修験道などを生みました。山と信仰はとても深い関わりがあるのですね。

それではここで、謎かけをひとつ。

「はじめての山登り」とかけて、「女性の一人暮らし」ととく、そのこころは、どちらも「登頂（盗聴）」には気をつけましょう！

八月十二日【世界象の日】

「世界象の日」は、絶滅の危機にある象に関心を持ってもらい、世界の象を保護することを目的とした記念日です。他にも、「配布の日」などに制定されています。

あるとき、兎と馬と象の三匹が、河を渡ろうとしました。はじめに、兎が河の水面を泳いで渡り、続いて、馬が水を掻いて渡りました。そして、象はその太い足を水底にしっかりとつけて渡ったのです。

これは、仏教の「三獣渡河」という教えで、三匹の動物は、それぞれ、兎が「声聞」、馬が「縁覚」、象が「菩薩」という、悟りの段階に譬えられています。兎や馬は、その足を水の上や浅い部分につけて渡っていますが、象は河底にしっかりと足をつけて「悟り」に向かい歩いています。ここから、象は深い覚りを得た者を意味していることが分かります。そして、この教えから、物事の内面まで貫き通すことを「徹底」というようになったのです。

私たち僧侶も、この象のように「徹底」して悟りの境地へ至れるよう、日々、精進しています。そして、河底にしっかりと足が届く大きな象になるために、まずは「小僧（小象）」から修行を始めるのですネ☆

八月十三日【左利きの日】

♬私の私の彼は　左きき♬――麻丘めぐみさんの大ヒット曲、『わたしの彼は左きき』は、今も世代を超えて多くの人に愛されています。

人口の約九〇％が右利きといわれる日本。ハサミや駅の改札など、多くのものが右利きの人に合わせて作られていますが、これは、左利きの人にとっての「不便さ」にも繋がっています。「左利きの日」は、一九九二年、イギリスで、左利きの人の生活環境の向上を目的として制定されました。ちなみに、愛知県豊田市の「猿投神社」では、古来、左鎌を奉納して祈願する風習があります。これは、御祭神の大碓命《おおうすのみこと》が左利きであり、左鎌を用いてこの地域を開拓されたことが起こりではないかと伝えられています。

左利きの人の中には右利きに「矯正」することを強いられ、苦痛を感じたという経験を持つ人も少なくありません。そのためここでは、すべての左利きの人が尊重され、自分らしく生活できるよう願いを込めて、謎かけをしてみます。「左利き」とかけて、「ラジオのＤＪ」ととく、そのこころは、どちらも、自分の「利き手（聴き手）」を大切にしましょう☆

八月十四日【水泳の日】

この記念日は、「命を守ることができるスポーツ」としての水泳を普及、発展させ、国民全員が泳げるようになることで水難事故を減らすことを目標として制定されました。

観音様は、古来、海上安全のご利益をいただける仏様としても信仰されてきました。なぜなら『観音経』には、たとえ海で漂流しても、観音様を一心に念ずれば、たちまち救われると説き明かされているからです。

川や海といった自然の中では、私たち人間は非力です。神仏の御加護はもちろんですが、まずは、大自然を甘く見ず、危険な場所へは行かないこと、そして、泳ぎを身につけることが大切です。

それではここで、水泳の小咄をひとつ。

あるとき、高齢の女性が、息子さんのお嫁さんとともにスイミングスクールへやってきました。一生懸命泳ぐ女性。コーチが「すごいですね！　でも、今日はどうしてスイミングスクールへ？」と尋ねると、この女性が「三途の川を泳ぐため！」と答えました。すると、傍にいたお嫁さん。急いでコーチへ駆け寄って、いったのです。

「先生！　お願いですから、ターンだけは教えないでください！」。

八月十五日【終戦の日】

一九四五年八月十五日、三年八か月に及んだ太平洋戦争が終わりました。この日は、戦没者を追悼し、平和を祈念する日です。

「怨みを以て怨みに報ぜば　怨み止まず、徳を以て怨みに報ぜば　怨み即ち尽く」

これは、伝教大師最澄上人が『御遺誡』として遺されたもので、「怨みに対して報復で応じれば終わりがなく意味がない、相手を怨むのではなく、優しい心で許すことができれば怨みはなくなる」という教えです。

どの時代にも戦いがあり、その戦いには常に「理由」がありました。しかし、その理由を言い訳に戦いを続けても、平和な世の中など訪れません。

縁あって生まれてきた人間界でも、戦い争い、苦しみと怒りが絶えない世界は、修羅道そのものです。そして、戦争で奪われて良い命など、ひとつもありません。

憎い相手を許すことは容易ではありませんが、ひとりひとりの「怨みの連鎖を断ち切る勇気」が、平和な世界を切り開くでしょう。

私たちに求められるのは、「たたかい」の心ではなく、「あたたかい」心です。

八月十六日

【道路ふれあい月間】

八月十日の「道の日」（一九二〇年八月十日、日本初の近代的な道路整備計画が決定したことに伴い制定）を含む八月は、「道路ふれあい月間」とされています。

私が住職を務めるお寺は「道心寺」といいます。これは、伝教大師最澄上人の教え「道心の中に衣食あり、衣食の中に道心なし」に由来するものです。「道心」とは、仏道修行において「悟りを求める志」をいいますが、最澄上人は、志をもって道を歩む人には必要最低限の衣食住が備わることを説かれ、反対に、私利私欲のために仏道を歩むのであれば、そこに志はないことを明らかにされました。この教えは、仏道を歩む人にとって、最高の励ましであり、最大の戒めです。

私は、道心寺を建立するときに、沢山の人の志を応援するお寺にしたい、また、自分自身の志を体現するお寺にしたいと願っていました。だからこそ、第二五七世天台座主・森川宏映猊下から賜った「道心寺」という寺院名は、本当に有難く、大切にしています。

仏道をはじめ、芸道、書道、武道など、ひとつの道を極めていけば、きっと、「未知（道）」なる自分に出会えるはずですヨ☆

八月十七日【地域と共に成長の日】

この記念日は、不登校や引きこもりなど、生きづらさを抱えた子どもたちを地域で見守り支えていくことを目的とする記念日です。

「共に成長する」――この記念日の存在を知ったとき、私の頭の中に、日々のお勤めでお唱えする回向文が思い浮かびました。

「願以此功徳　普及於一切　我等與衆生　皆共成仏道」――読み下すと「願わくは此の功徳を以って、普く一切に及ぼし、我等と衆生と、皆共に仏道を成ぜんことを」となり、「皆で一緒に悟りを得られますように」という大きな願いを持つ言葉であることが分かります。これは『法華経』の「化城喩品第七」という部分に説かれるもので、ここでは、仏様が人々を悟りの境地へと導くために、急がず焦らず、人それぞれに合った方法を用意されていることも説き明かされています。成長は一人でするものではなく、沢山のご縁と慈悲の中で育まれていくものなのですね。

というわけで、ここでは大乗仏教の「皆で共に幸せになる」精神についてお話をさせていただきました。「地域と共に成長の日」なだけに、ご「清聴（成長）」、誠に有難うございました☆

八月十八日【高校野球記念日】

ビーフンはお米で出来た麺であることから、「米」の字とご縁のある八月十八日は「ビーフンの日」にも制定されています。

「高野連」……と聞くと、仏教界に身を置く私は、つい「高野山真言宗」を想像してしまいます。しかし、世間では「高野連」といえば、甲子園でお馴染み、全国高等学校野球選手権大会を主催する、日本高等学校野球連盟のことをいいます。

一九一五年のこの日、大阪府で第一回・全国中等学校優勝野球大会が開会しました。その後、兵庫県西宮市の阪神甲子園球場が会場となり、高校野球の聖地となったのです。

ところで、甲子園球場の「甲子」は、球場が誕生した一九二四年が「甲子」だったことに由来します。「甲子」とは干支を構成する「十干」と「十二支」の、それぞれ一番目となる「甲」と「子」が合わさる、たいへん縁起の良い年だとされていたことから「甲子園」と命名されたのです。ちなみに、「甲子」や「丙午」などの「六十干支」は、説明すると長～くなりますので、詳しく知りたい方は、専門の「講師」に聞いてみてくださいネ☆

八月十九日【俳句記念日】

俳句も川柳も「五・七・五」の十七文字で詠みます。俳句は主に自然を読むため「季語」を用います。一方、川柳には季語はありません。


俳句には、信仰に関する季語もあります。

たとえば、夏に僧が寺院に籠り修行する「安居」は三夏の季語とされ、その安居が解かれる「解《げ》夏《げ》」は初秋の季語となっています。また、初冬には、陰暦九月三十日に各地の神様が出雲へ旅立つ「神送《かみおくり》」や、陰暦十月の神無月を表す「神の留守」という季語があります。

その他、「クリスマス」（仲冬）や「謝肉祭」（初春）など、キリスト教の季語もあるため、それらを知るだけでも、心の中に様々な情景を豊かに描くことができるでしょう。

私は昔から俳句や川柳が好きで、定期的に句会に通っています。ここでは、自分の祈りや意志、また、悔しかったことなどを五・七・五で表現できるため、心の充電スポットになっています。仏教では、苦が満ちているこの世のことを海にたとえ「苦海」と呼びますが、そのような苦海を乗り切る力を与えてくれるのは、私にとっては仏様の教えであり、俳句や川柳の「句会」なのです☆

八月二十日【蚊の日】

一八九七年のこの日、イギリスの細菌学者ロナルド・ハスが、蚊の体内からマラリアの原虫を発見したことに由来する記念日です。

「このようなときは、どうされるのですか？」

「逃げる！」

ある夏のこと。師僧と話していると、部屋に一匹の蚊が迷い込んできました。蚊は師僧のまわりを飛び続けています。しかし、己の都合で他者を傷つけない師僧は、蚊を殺しません。そこで先の質問をすると、殺すのではなく、自身がその場を離脱して殺生をしないようにする、と答えられたのでした。蚊の煩わしさは蚊なだけに、「カっ」となりがちですが、私も蚊と対峙するときは「不殺生」を試されていると考え、逃がすようにしています。

そのような師の教えをいただき、私が愛用しているのが「菊花せんこう」です。これは天然の防虫線香で、蚊を殺すのではなく、蚊を遠ざけるものです。殺虫成分が入っていないため、小さなお子さんやペットのいるご家庭でも安心してご使用いただけます。

そして、その効果のほどはというと……？

菊の花なだけに、よ～く「効く（菊）」んですよ☆

八月二十一日【献血の日】

一九六四年のこの日、日本政府は輸血用血液を献血により確保する体制を確立することを閣議決定しました。

「無財の七施」（一月三日参照）のひとつに、「身施」という教えがあります。これは、お年寄りの荷物を持つなど、自分の身体でできることを奉仕する布施行ですが、多くの命を救うことにつながる献血も、「身施」といえるのではないでしょうか。

現在、怪我や手術によって輸血が必要な人は一日に約三千人といわれています。

献血を行うには、年齢や体重、健康状態など、さまざまな基準がありますが、健康な人であれば、献血による身体への影響はほとんどないとされています。

ちなみに献血は、全国各地の献血ルームや献血バスで行われており、インターネットでも簡単に検索することができますが、近年では、人の集まる神社仏閣などで献血を行う取り組みも進んでいます。

もしも、お散歩中にお近くの神社やお寺で献血をしていたら、血なだけに「ブラッド（と）」立ち寄って、ご協力をお願いいたします☆

八月二十二日【金シャチの日】

名古屋城の天守に乗る「金のシャチホコ」の記念日です。日付は名古屋市の市章がまるはち（八）であることと、数字の二がシャチホコの形に似ていることに由来します。

「鯱」という漢字が表すように、虎の頭と魚の体を持つシャチホコ。そのルーツは、世界各地に伝わる幻獣「マカラ」だと推測されています。マカラはギリシャ神話やインド神話にも登場しますが、『広説佛教語大辞典』では、「マカラ」とは「摩竭魚」のことで、これは、経典に出てくる空想上の巨大な魚のことをいいます。海の獣であることから、建物を火災から守ってくれるといわれるシャチホコは、室町時代に仏教を通じて日本へ伝わり、最初に織田信長が安土城の屋根に乗せ、その後、豊臣秀吉が大阪城、徳川家康が名古屋城に乗せたといわれています。

ちなみに名古屋城の金のシャチホコは、江戸時代、熱田の浜に魚が近寄らないほど光っていたと歌に歌われるほどでした。その豪華絢爛さから、過去、鱗を盗まれるなど、何度も危険な目に遭っているのだそうです。

名古屋を守ってくれる「幻獣」なだけに、引き続き「厳重」な警備が必要ですネ☆

八月二十三日【油の日】

八五九年のこの日、九州の宇佐八幡宮が京都府大崎町に遷座され、現在の離宮八幡宮となりました。離宮八幡宮は製油発祥の地とされ、油の神様として親しまれています。

比叡山延暦寺の根本中堂で厳かな光を放つ「不滅の法灯」。

今から千二百年前、伝教大師最澄上人によって、お釈迦様の教えという「法の灯」が世の中を照らし続けるよう灯されました。

以来、その祈りの灯は一度も消えたことがありません。なぜなら、延暦寺の僧侶が毎日少しずつ菜種油を足し続けてきたからです。しかも、これだけ大切な灯であるにも関わらず、油を足す僧侶は当番制ではないといいます。それはなぜかというと、当番制にしないことによって、法の灯を守り続けることが「自分ごと」になるのだといわれています。

そして、油を足すことを怠ると、大切な灯が消えてしまうことから「油」を「断つ」と書いて「油断大敵」という言葉が生まれたともいわれています。それではここで、謎かけをひとつ。

「法灯を守る僧侶」とかけて、「アンチエイジング」ととく、そのこころは、どちらも、日々、「オイル（老いる）」に気をつけています☆

八月二十四日【瀧廉太郎の誕生日】

一八七九年のこの日、東京で生まれた瀧廉太郎は、幼少期からキリスト教に親しみ、一九〇〇年に博愛教会で洗礼を受けました。

『荒城の月』や『花』、『お正月』などの名曲を手掛けながら、二十三歳の若さで天に召された、日本を代表する音楽家・瀧廉太郎。

実はその死後、八十年以上経ってから、代表作『荒城の月』が不思議な「お導き」によって、キリスト教の光となったことはあまり知られていません。

というのも、一九八六年、芦田竜之介神父がベルギーの修道院に滞在したときのことです。作曲家であり、修道院の聖歌隊長であったマキシム・ジムネ神父から、日本の音楽を礼典に取り入れたいので、日本の名曲を紹介して欲しいと頼まれました。そこで、芦田神父が日本の「唱歌集」を渡したところ、ジムネ神父は『荒城の月』だけを選び、編曲し、「ヘルフィム賛歌」という祈祷文で曲を作ったのです。

「唱歌」として作られた『荒城の月』は、遠く離れたベルギーの地で信仰の旋律として、「昇華」していったのですネ☆

八月二十五日【パラスポーツの日】

一九五八年のこの日、インスタントラーメンの第一号「チキンラーメン」が発売されたことから、「チキンラーメン誕生の日」（即席ラーメン記念日）にも制定されています。

「越えて」や「反対側に」などを意味するギリシャ語、「パラ」——この日は、障がい者スポーツの振興と、障がい者への理解を深める機会を目的として制定された記念日です。その日付は、二〇二〇年八月二十五日に予定されていた東京パラリンピック（コロナ禍により延期）の開会式に由来します。

仏教界では、二〇二二、二〇二三年度と東京・築地本願寺を会場に、パラ・パワーリフティングの選手権大会が開催されていますが、きっかけは、築地本願寺が「すべての人に開かれたお寺」を目指す中、選手から会場提供の相談を受けたことでした。

「宗教・人種・障がい、三つの壁を越える」をキャッチフレーズに、読経からスタートするこの大会は、お寺にとっても、バリアフリー設備などの課題を確認する良い機会になっているといいますが、本当にこのような大会はお寺にピッタリだと思います。だって、仏教もパラスポーツも、どちらも「教義（競技）」を大切にしますからネ☆

八月二十六日【人権宣言記念日】

一七八九年のこの日、フランスの憲法制定国民議会が「人間および市民の権利の宣言」を採択しました。この宣言は、その後世界各国で作られた憲法に大きな影響を与えました。

仏教用語としての「差別《しゃべつ》」——これは一般的な「差別」ではなく、「区別」のことをいいます。その違いとは何でしょうか？　まず、「区別」とは、「ものごとそのものの違い」をいいます。たとえば、男女の身体の違いは「区別」です。一方、「差別」は「区別をもとに、他より不当に低く取り扱うこと」です。数年前、某大学の試験で「女性」という「区別」に対して「一律減点」という報道がありましたが、これは「他（男子）よりも不当に低く取り扱われている」ので「差別」となります。では、「区別」はどのように考えれば良いでしょうか？　区別は不当に低く取り扱えば差別となりますが、他者を思いやる基準とすれば、相手の生きやすさに繋がります。妊婦さんには席を譲る、車椅子の人にエレベーターの案内をする、といった具合です。

人権は、決して難しいことではありません。ひとつひとつの「用語」について知ることも、人権「擁護」に繋がりますよ☆

八月二十七日【マザー・テレサの洗礼日】

一九七九年、マザー・テレサはノーベル平和賞を受賞しました。「マザー」とは指導的な修道女への敬称で、「テレサ」は修道名です。

「わたしにできないことが、あなたにはできます。あなたにできないことが、わたしにはできます。力を合わせれば、きっとすばらしいことができるでしょう」(マザー・テレサ)

一九一〇年八月二十六日、マザー・テレサはユーゴスラビアで熱心なカトリック信者の両親のもとに生まれ、その翌日に洗礼を受けたといいます。洗礼とは、キリスト教で信者となるための儀式で、全身を水に浸し、または頭上に水をそそぐことによって、原罪を洗いきよめ、新たな生命によみがえる恵みを与えられることを意味します。

その後、修道女となったマザー・テレサはインドに渡り、コルカタで貧しいひとたちのために献身、「神の愛の宣教者会」を作りました。その大きな愛に、沢山の人が救われ、世界中が勇気づけられました。

生後二日目に「洗礼」を受けたマザー・テレサの偉業は、「先例」のない、素晴らしいものだったのですね☆

八月二十八日【汗の日】

「汗の日」は、日本発汗学会の前身である発汗研究会が発足した日にちなんだ記念日です。汗の病気には多汗症をはじめ、生命の危険を伴う無汗症など、様々な疾患があります。

その昔、漁師が沖合で漁をしていると、長さ一メートルの石が網にかかりました。漁師はこれを海へ捨てましたが、何度も網にかかります。そこで、これを持ち帰ってみたところ、不思議なことが起こるので、山の祠でお地蔵様としてお祀りするようになりました。

するとこのお地蔵様。大漁や豊作のときには白い汗をかき、災害や不漁、不作のときは黒い汗をかいて村人へ知らせるようになったのです。現在でも、このお地蔵様は三重県志摩市で「汗かき地蔵」として信仰されています。

また、このお地蔵様以外にも、災難が起こるときは油のような汗でお知らせをくださるお地蔵様や、人々の苦を代わって受けるために汗を流していると信じられるお地蔵様など、さまざまな「汗かき地蔵」様が全国各地にいらっしゃいます。

私はいつか、汗かき地蔵様のガイドブックを出版したいと思っていますが、出版が実現した際には、新聞広告に「いよいよ発刊（発汗）！」と出したいですネ☆

八月二十九日【おかねを学ぶ日】

この日は、オーガニックコットンの普及を目的とした「オーガビッツの日」です。日付は、Augustとオーガニックの語感が似ていることと、「二十九（ニック）」の語呂合わせから。

近年、学校で資産や生活設計、備えなど、お金に関する教育がはじまりました。この記念日は、金融教育をサポートすることを目的としたもので、日付は、日本最初の流通貨幣「和同開珎」が発行された日に由来します。

和同開珎の歴史はというと、千三百年以上前に遡ります。というのも、七〇八年、埼玉県秩父市で自然銅が発見され、これが朝廷に献上されたことをきっかけに、年号が「和銅」に改元されました。そして、この年の八月二十九日、「和同開珎」が発行されることになったのです。

この和銅献上の際、朝廷より勅使が派遣され、祝山という山に鉱山の神様である金山彦命《かなやまひこのみこと》がお祀りされました。その後遷座し、「銭神様」として親しまれる聖神社の創建となったのです。

年々複雑になるお金事情。現在、子育て真っ最中の私ですが、息子には将来、お金でオッカネ〜思いをしないよう、しっかりと学んでもらいたいですネ☆

八月三十日

【日本ジャグリング協会が設立された日】

世界各地で発展したジャグリングですが、日本へは奈良時代に中国から伝わったと考えられています。

日本のジャグリングとも呼ばれる「太神楽曲芸」。その歴史は、人々の祈りにあります。江戸時代、人々は、一生に一度お伊勢参りをするのが夢でした。しかし、多くの庶民はその夢が叶わなかったといいます。そこで、伊勢神宮の神札を持った一行が地方へ出向き、一軒一軒、家を回ってお祓いをしたのです。その神事の一環として、獅子舞や曲芸が演じられ、のちに、曲芸の分野が発展して、寄席芸としての「太神楽曲芸」となりました。

そのため現在でも、縁起の良い「末広がり」を意味する「傘まわし」や、「五穀豊穣」を祈る「五階茶碗」など、その芸ひとつひとつに祈りが込められています。

ちなみに先日、太神楽曲芸師の夫が自宅で「投げ撥《ばち》」という芸を稽古していたところ、撥が私のほうへ飛んできました。危うく当たるところでしたが、ギリギリセーフ。すると夫がいったのです。「安心してください。神様は、私たちにバチは当てません」。

八月三十一日【方広寺鐘銘事件】

夏休み最後のこの日は、「宿題の日」でもあります。「すべての子どもたちに教育の機会を提供する」という、大きな「宿題」を終わらせたいという願いが込められています。

一六一四年八月三十一日（旧暦七月二十六日）、京都・方広寺で「方広寺鐘銘事件」が発生しました。これは、豊臣秀頼によって鋳造された方広寺大仏殿の梵鐘に「国家安康　君臣豊楽」と刻まれたことから、「家康」の名前を分断し、豊臣を君主とするものだと徳川家康から難癖をつけられ、大坂冬の陣の発端となった事件です。まさか、鐘に刻まれた文字が戦の引き「ガネ」になるとは、思いもよらなかったことでしょう。

それではここで、釣鐘の小咄をひとつ。

あるお寺で、参拝者が釣鐘を突こうと思いました。案内には、「一回五十円」とあります。ところが、お財布の中には百円玉しかありません。そのため、ご住職に「一回お願いします」と百円を渡しましたが、いつまでたってもお釣りの五十円が出てきません。そこで思い切って「すみません、お釣りをいただけますか？」と尋ねると、ご住職がいいました。

「これが本当の……ツリがネェ～！」

九月

九月一日【だじゃれの日】

「だじゃれは世界を救う」を合言葉に、だじゃれで世の中に笑顔と希望を広げる目的で制定された記念日です。日付は「ク（九）リエイティブかつイ（一）ンパクト」などから。

「隣の家に囲いができたって！」「へ〜」――小咄や落語に欠かせない「だじゃれ」。実は仏教界でも見事な「洒落」で人々を導いた僧侶がいました。それが、戦後初めて千日回峰行を達成した天台宗の高僧・葉上照澄師です。葉上師は、伝教大師最澄上人の「一隅を照らす」（二月十五日参照）という教えを、自分の持ち場（ポスト）で一生懸命（ベストを尽くす）＝「ポストにベスト」と表現し、その精神を明快に伝えたのです。

また、私がお世話になっている落語ファンのご住職は、洒落ではなく正真正銘のだじゃれ好きですが、以前、このご住職が脳出血で入院されたことがありました。病院へかけつけると、幸い命に別状はなかったものの、病院食を摂る右手が震えています。そのお姿を見た瞬間、私は涙がでてきてしまいましたが、するとご住職が私を安心させようと、いつものようにダジャレをいってくださったのです。

「鶏肉は、トリにくい……！」

九月二日

【宝くじの日】

この記念日は、せっかく当選しても宝くじを引き換えない「時効」が多いことから、時効防止のPRの一環として、一九六七年に制定されました。

江戸時代に流行した「富くじ」――もとは賭博の一種で、寛永の頃から寺社の修理費をまかなうものとして公認されました。特に、谷中の感応寺、目黒不動尊、湯島天神は、他寺社の富くじに抽選会場として場所を提供したことから「三富」と称されました。

その後、富くじは禁止されましたが、終戦後、復興資金調達のための宝くじが発売され、現代では、収益金の一部が社会貢献に遣われるなど、その心は受け継がれています。

また、身近なくじといえば「あみだくじ」ですが、これは本来、中心から外に向かって放射線状に人数分の線を書き、それを引くものでした。その放射線が阿弥陀如来様の後光に似ていたことから「阿弥陀」くじと呼ばれるようになったのです。

そういえば以前、仕事で福引きの司会進行をしたところ、なんと！　銭湯の招待券が二十六番（ふろ）に、そして、神社提供の景品が、三五三番（巫女さん）に当たりました☆

九月三日【元三大師様の誕生日】

元旦三日に亡くなったことから「元三大師」と親しまれる第十八代天台座主・慈恵大師良源上人は、「おみくじ」や「たくあん漬け」の考案者としても知られています。

平安京の鬼門を守る比叡山。その比叡山の鬼門を守ってくださっているのが、古来、厄除けの仏様として信仰されてきた、元三大師様です。ではなぜ、厄除けの仏様といわれるのでしょうか？それは、平安時代、元三大師様ご自身が疫病に侵され、そのときに自らが鬼の姿となって疫病神を退散したことに由来します。

現在でも、滋賀や京都をはじめ、日本中の家々の玄関で、魔除けの「角大師」の御札が貼られているのを見かけますが、これは、元三大師様が鬼の姿となって疫病神を退散したときの鬼の姿を写し取ったものです。

私も、日々、元三大師様に厄除けの御加護をいただいているため、特に、厄年の方と通訳の仕事をされている方には参拝をおすすめしています。え？　でも、厄年は分かるけど、なぜ通訳にもおすすめするのかって？

やはり、厄除けの仏様なだけに「翻訳（本厄）」はお任せください☆

九月四日【供養の日】

「供養」とは、仏様やご先祖様にお供え物をしたりすることで、「回向」は、自らが日常生活の中で積んだ功徳を故人に「回」し「向」け、極楽往生の資としようと願うことです。

仏教では、死後七日ごとに、仏様によって生前の在り方を問われる裁判が行われます。そのため、遺された人たちは初七日、二七日……七七日（四十九日）と法要を営みますが、この行いが、「仏様、この人は良い人だったので、よろしくお願いします」という、故人が裁判を通過するための「嘆願書」となるのです。また、故人はあの世でさらなる善を積むことはできませんが、その分、この世にいる私たちが功徳を積むことによって、故人に「追って善を積む」＝「追善」になります。

供養といえば、以前、祖父の位牌が安置されているお寺へ行った際、位牌堂にお参りしたところ、扉が壊れ、出られなくなってしまったことがありました。慌てて窓から顔を出すと、遠くのほうにお寺のスタッフが見えます。そこで「お〜い！」と呼ぶと、「は〜い！」と返事が返ってきました。そのとき、合点がいきました。これが正真正銘の「おい・はい（お位牌）」堂ということですね☆

九月五日【ブリューゲルの命日】

『バベルの塔』で知られるブリューゲルは、十六世紀に活躍したフランドル地方を代表する画家です。風景画のほか、神話や宗教、教訓をテーマに描き続けました。

「バベルの塔」――これは、キリスト教に由来する物語です。『旧約聖書』の「創世記」によると、ノアの大洪水のあと、人類はバビロン（メソポタミアの古代都市）に、天に達するような高い塔を建てようとしました。しかし、これが人間の自己神格化の傲慢として神の逆鱗に触れ、神はそれまで一つであった人々の言葉を混乱させ、工事を中止させたのです。ここから、バベルの塔は実現不可能な計画を意味する言葉として用いられるようになりました。

ちなみにこの日は「計画」の「計」の字が九画であることに加え、「実行（Execution）」の頭文字「E」がアルファベットの五番目であることから、「計画と実行の日」にも制定されています。人間は、「バベルの塔」の物語が告げているように、傲慢にならず、しっかりと計画を立て実行していくことが大切ですね！

それではここで、謎かけをひとつ。「バベルの塔」とかけて、「偉いお坊さん」ととく、その心は、どちらも「高層（高僧）」でしょう☆

九月六日【カラスの日】

カラス雑誌『CROW'S』を発行する「カラス友の会」によって制定された記念日です。記念日登録は、全国のカラス好きの人々によるクラウドファンディングにより達成されました。

インドでは、古来、フクロウとカラスは仲が悪いとされてきました。その理由を、お釈迦様はこう説かれたといいます。

その昔、鳥たちが集まり、鳥の王を選ぶための相談をしました。そこで、威厳もあり、頭も良さそうなフクロウに決まりかけましたが、ここで、カラスが「待った」をかけたのです。カラスは「フクロウは怒りっぽいので反対だ」といいます。そして、カラスが飛び立つと、フクロウは顔を真っ赤にして怒り、カラスのあとを追って飛び立ったのでした。その後、二羽がいなくなったため、最終的に黄金のガチョウが王に選ばれたといいます。

このお話は、「怒り」が私たちの心を害し、良き道の妨げになること、そして、怒りを制御することの大切さを伝えています。

ちなみにこの日は「クレームの日」でもありますが、ときにお客様の「怒り」を受け止めるクレーム対応は、カラスの日なだけに苦労（CROW）が絶えませんね！

九月七日【絶滅危惧種の日】

この日は、一九三六年九月七日、オーストラリアで飼育されていたフクロオオカミの最後の一頭が死に、絶滅したことから、一九九六年に制定された記念日です。

絶滅危惧種に指定されている鳥「ブッポウソウ」――その名は、仏教の「仏法僧」に由来します。これは、「仏」＝悟りを開いた人（仏陀）、「法」＝その教え、「僧」＝それを信じ実践する人々の集まり、を意味する言葉で、三つの宝（三宝）として、仏教では大切にされています。アニメ『一休さん』で有名な「南無三！」も、「南無三宝」の略です。

私たちが信仰のうえで三宝を大切にするように、地球上に暮らす者としても、ブッポウソウをはじめとした絶滅危惧種、そして、すべての命を大切にしたいですね。

それではここで、ラジオで絶滅危惧種のお話をした際、リスナーさんが投稿してくださった謎かけを二つご紹介します。まずはこちら。「絶滅危惧種」とかけて、「頭皮」ととく、そのこころは、どちらも、保護とケアが大切です！　続いてもう一つ。「絶滅危惧種」とかけて、「キリスト教」ととく、そのこころは、「主（種）」の復活を祈ります！　どちらもお見事でした☆

九月八日【休養の日】

この記念日は、回復を目的とした「積極的休養（リカバリー）」の考え方を広く普及し、休養の大切さを再認識してもらうことを目的としています。


一週間のはじまりは、何曜日ですか？

日本では月曜日始まりがスタンダードですが、アメリカ等では日曜日始まりと考えられています。これはなぜかというと、「一週間」という単位は『聖書』に由来し、神様が六日間かけて世界を作り、一日休まれたと説かれていることを起源とするからです。

そう考えると、神様ですら、六日働いて一日は休むわけですから、私たち人間も、心身をしっかりと休める日が必要でしょう。

しかし残念ながら、過労大国ニッポンでは、「休ませてもらえない」労働環境、「休んではいけない」同調圧力、「休んでは後れをとる」焦りが、積極的休養を遠ざけてしまっています。私も一時期はそのような思いに囚われ、働きすぎたことがありましたが、このままではいけないと思い、ワークライフバランスを見直しました。その結果、「疲労」を回復させる日を設けたおかげで、以前よりも良い落語を「披露」できるようになりました☆

九月九日【救急の日】

「重陽の節句」でもあるこの日は、他にも「九九の日」や「知恵の輪の日」などの記念日に制定されています。

あるとき、お釈迦様にこう尋ねた弟子がいました。「世界は未来永劫にあるのでしょうか？　世界には果てがあるのでしょうか？　魂と体は一体何なのでしょうか？」――しかし、お釈迦様はこれらの問いに答えず、そのかわりに、譬え話をされたのです。

「ある人が毒矢に射られました。医者が急いで矢を抜こうとすると、その人は叫びました。『この矢を射たのはどんな人か』『どのような弓だったのか』『どんな名前の人か』『身長は高いのか低いのか』……これらのことが分かるまで、この人が矢を抜かないというのであれば、彼は死んでしまうでしょう。あなたの問いもそれと同じです」。

私たちは、何でもかんでも理由を求めたがる生き物ですが、世の中には理屈では説明できない事柄が沢山あります。理屈をこねるまえに、まずは今、この瞬間、苦をなくすために自分はなにをすべきなのか考えることが大切だと、お釈迦様は「矢」なだけに「的を射た」譬え話をされたのですネ☆

九月十日【イカの日】

毎月十日はイカの足が十本であることから「イカの日」に制定されています。他にもこの日は「弓道の日」や「給湯の日」とされています。

「烏賊」という字は、死んだふりをしたイカが、烏を海中に引きずり込んだという故事に由来します。イカにも有りそうな話ですが……実際には、イカが烏を襲って食べるという生態は今のところ確認されていないのだそうです。しかし、イカの言い伝えはそれだけではありません。隠岐の島の由良比女神社には、「イカ寄せ浜の伝説」が伝えられています。

その昔、国づくりの神様であった由良比女命が出雲大社から隠岐へ帰られる際、芋桶に乗って、手で水をかき分けながら海を渡っていると、イカが現れ、由良比女命の手に戯れて、引っぱったり噛みついたりしてきました。すると、イカは反省したのか、お詫びをするために、毎年、神社の正面の浜辺に押し寄せるようになったと伝えられています。

神様への非礼を詫びるイカがいるとはなんとも驚きですが、きっと、素直な心で、「イカんイカん、二度とこんなことはスルメ〜」と思ったのでしょうネ☆

九月十一日【警察相談の日】

この日は、警察への電話相談番号が「＃九一一〇」であることに由来する記念日です。一九九九年、警視庁によって制定されました。

お寺でお悩み相談をしていると、警察への相談をすすめる場合があります。特に、パートナーからの暴力（ＤＶ）は、「自分が悪いから殴られている」と加害者から思い込まされ、「自分が変われば相手も変わるはず」と、抱え込んでしまう人も少なくないからです。

しかし、暴力をふるう人は、こちらがどうであれ、そう簡単には変わりません。そしてこれは命に関わる問題なので、警察や関係機関への早めの相談が必要なのです。

ここでご紹介するのが、お釈迦様の前世のおひとりとされる、常不軽菩薩様です。この菩薩様は、人から馬鹿にされても、「この人も、いつかは悟りを開く人」と、常に相手を礼拝した菩薩様です。しかし、そのような菩薩様でも、暴力からは逃げられたといいます。なぜなら、まずは自分の身を守らなければ、相手を導くことができないからです。警察に事前に「聞き」取ってもらうことは、迫りくる「危機」を取ることにも繋がりますヨ☆

九月十二日【比叡山焼き討ちの日】

この日は、毛利衛氏がスペースシャトルで宇宙へ飛び立った日であることから「宇宙の日」に制定されています。仏教では、大日如来様が宇宙の根本の仏様とされています。

「天台宗のお坊さんは、焼き討ちをした織田信長を怨んでいますか？」――一五七一年九月十二日、比叡山焼き討ちが起こりました。そのため、歴史番組で焼き討ちがとりあげられるたびに、このようなご質問をいただきます。しかし、私は天台宗の僧侶として、今までも、これからも、織田信長を怨んでなどいません。なぜなら延暦寺では、一九九二年に鎮魂塚を設けて以来、毎年、焼き討ちの犠牲者とともに、信長をはじめ、関係者の霊を供養してきたからです。その根底には、仏教の「怨親平等」の精神があります。これは、敵を憎まず、親しい者に執着せず、敵も味方もともに平等であるという立場から、敵味方両方の霊魂を弔う精神です。

ちなみに、焼き討ちから十三年後の一五八四年、比叡山は「羽柴」（豊臣）秀吉によって復興の許可が下されました。だから、比叡山の標高を覚えるときは、「八四八（はしば）メートル」と、覚えてくださいネ☆

九月十三日【世界法の日】

この記念日は、一九六五年、ワシントンで開かれた「法による世界平和第二回世界会議」で宣言されたものです。国家間で法の支配を確立し、世界平和を実現するのが目的です。

長年、顧問弁護士をしていただいている津久井進先生と、「法と法」というテーマで、トークイベントをすることがあります。なぜなら法律の「法」も、仏法の「法」も、どちらも、人間が幸せになるためにあるからです。

法律の「法」は、私たちがお互いの個性を認め合い、協力しながら生きていくためのルールです。権利を守り、守らなければいけないルールを明らかにすることによって、誰もが自由に活動することができ、生活をより豊かにします。

また、仏法の「法」は「ダルマ」の漢訳で、これは「保つもの」、特に「人間の行為を保つもの」が原意とされています。「真理」、「真実」をはじめ、「なすべきこと」や「つとめ」、「善い行為」といった意味があります。

ちなみに津久井弁護士には、たびたびラジオ番組で法律のお話をしていただきますが、「放送」なだけに、「法曹」界のお話がぴったりでしょう☆

九月十四日【食いしん坊の日】

ホワイトデーから半年後であるこの日は、「コスモスの日」にも制定されています。コスモスの花言葉「愛情」「真心」にちなみ、パートナーの存在に感謝する日です。

僧侶が食事をする際に用いられる器を「応量器」といいます。これは、「法に応ずる」という意味と、「一人の食量に応ずる器」という意味を持ちます。

その昔、パセーナディという名前の王様がいました。この王様はとにかくよく食べるので、体はまるまると太っており、動くのも一苦労でした。するとある日のこと、パセーナディ王と面会されたお釈迦様が、その姿を見て、厳しく戒められたのです。

「自分に応じた量を知り、節度をもって食事をしなさい。そうすれば、苦しみは少なくなり、長生きできますよ」。

それからというもの、王様は周囲の人にも協力してもらうことで小食を実践し、健康になって長生きをしたといいます。

己に応じた量を知ることは、己を知ることに通じます。お釈迦様のおかげで「大食」を控えた王様は、きっと、「退職」までの仕事ぶりも良い方向に変わったでしょうネ！

九月十五日【老人の日】

「老人の日」は、老人福祉への理解や関心を高めることなどを目的としています。また、九月十五日～二十一日までの一週間が「老人週間」と定められています。

日本では、高齢者のことを「シルバー」と表現します。これはかつて国鉄の優先座席が「シルバーシート」と呼ばれていたことに由来しますが、国鉄は、シルバー色の生地がたまたま余っていたため使用したのだそうです。

仏教の「無財の七施」（一月三日参照）では、「席や場所を譲る」という「床座施」が説かれています。高齢化社会では、若者は優先座席か否かに関わらず、高齢者にサッと席を譲れる習慣を身につけたいものです。

また、床座施は、若者から高齢者だけでなく、元気な高齢者が、あえて次世代に仕事などの「地位を譲る」という考え方のヒントにもなります。これは、自らの業界の繁栄のためにも大切なことです。

ちなみに、タイでは僧侶も優先座席の対象ですが、これは、修行僧が女性に触れてはいけない戒律から設けられているものなので、優先座席に「僧侶（モンク）」が座っていても、乗客からは「文句」はいわれないそうですヨ☆

九月十六日【マッチの日】

一九四八年のこの日、配給制だったマッチの自由販売が認められたことに由来する記念日です。マッチとライターでは、ライターのほうが五十年早く開発されたといいます。

「お葬式のときに、お坊さんが大きなマッチ棒のようなものを投げていましたが、あれは何ですか？」——先日、このようなご質問をいただきました。正解は、「松明《たいまつ》」です。

葬儀では、故人をあの世へと導くため、導師により「引導」が渡されますが、その際に松明が用いられます。その意味合いは宗派によって多少異なりますが、もともとは、火葬の際に導師が松明で点火していたことや、魔除け、煩悩を消し去るなどの意味を持ちます。

現在では、本物の松明を使用すると危険を伴うため、松明に見立てたものや、長いお線香を用いることが多くなりました。

ちなみに、私の父は定年退職後にパイプを嗜んでいたため、マッチを愛用していましたが、雑誌記者をしていた若い頃は、タバコを吸うときはマッチではなくライターを使っていたそうです。その心は……？

執筆業なだけに、「ライター（writer）派」だったのですネ☆

九月十七日【世界患者安全の日】

この日は、医療制度を利用する全ての人々のリスクを軽減するために、意識や関心を高め、国際的理解を深めることを目的として、二〇一九年、ＷＨＯの総会で制定されました。

近年、インターネットで仏教の教えを検索し、自分の悩みを解決しようとする人が増えています。しかし、私はこのような検索をあまりおすすめしません。なぜなら仏教は「総合風邪薬」ではないからです。

というのも、仏様の教えは「応病与薬」といわれますが、これは、医師が患者の症状に合わせ薬を与えるように、仏様は、相手の性質や能力に応じて教えを説かれる、という意味です。ここから、お経は個々に合わせて説かれた教え（薬）により成り立っていったことが分かります。だからこそ、すべての人に当てはまる教えばかりではないのです。

診察も処方箋もなく、ネットの情報で薬を手に入れようとすると、胃が痛いのに頭痛薬を飲むような事態が起こりかねません。

病気も仏教も、まずは、ネット検索ではなく、プロである医師や僧侶にお尋ねください。その際は、「与薬」なだけに、できれば事前に「予約」をお願いいたします☆

九月十八日【チーズバーガーの日】

「ナショナル・チーズバーガー・デー」は、アメリカで制定された記念日です。他にもこの日は「かいわれ大根の日」などに制定されています。

ユダヤ教では、「食べて良いもの、いけないもの」や「一緒に食べてはいけない組み合わせ」等、カシュルートという食事規定があります。たとえば、『旧約聖書』のなかに「子ヤギをその母の乳で煮てはならない」とあることから、鶏肉×卵の「親子丼」的なものや、チーズ（乳製品）×お肉の「チーズバーガー」も禁止されています。

すると以前、ユダヤ圏を旅した友人から相談を受けました。聞けば、ユダヤ圏でチーズバーガーのことを意識すればするほど、逆に食べなくなってしまい、宿泊先のホテルでパンにハンバーグとチーズをサンドして、こっそりチーズバーガーならぬチーズバーグサンドを作って食べたのだといいます。友人はユダヤ教徒ではないので問題ないのではと私は思いましたが、真面目な友人は「でも、郷に入っては郷に従えというし……」と気にしていました。そこで私は、心配する必要はないと伝えました。だって、昔からいうでしょう？

仏の顔も「サンド」まで☆

九月十九日【苗字の日】

「苗字の日」は、一八七〇年のこの日、戸籍整理のために「平民苗字許可令」が出されたことにより、国民が平等に苗字を名乗ることを許された日です。

お釈迦様の本名は「ガウタマ・シッダールタ」といいます（四月八日参照）。「ガウタマ」は、いわゆる苗字のようなものですが、これは「もっともすぐれた牛」を表す言葉です。ではなぜ、お釈迦様が「牛」なのでしょうか？

古来、インドでは、牛は神聖な生き物とされてきました。その証拠に、インド人は、詩人の詩を讃えるときに、「まるで牛の鳴き声のようだ」とたとえるのだそうで、インドでは、これが最上の褒め言葉とされています。

ちなみに、お釈迦様のお弟子さんには「智慧第一」という異名を持った「舎利弗」さんというお弟子さんがいましたが、なんと、日本には「舎利弗」という苗字の方がいらっしゃるのだそうです。

その読み方は「しゃりほつ」ではなく、「とどろき」と読むといいます。

「舎利弗」と書いて「トドロキ」と読むとは、なんとも「オドロキ」ですネ☆

九月二十日【相続・贈与の日】

この日は、お彼岸をきっかけに家族で集まる機会が多いこの時期に、相続や贈与について家族みんなで話し合い、知識を深めておくために制定された記念日です。

「相続」とは、もともと仏教用語で「師匠から弟子へ法脈を受け継ぐこと」を意味する大切な言葉でした。『法華経』の中には、流浪の旅をしてきた男に、父親が見事な導きで財産を受け継がせる「長者窮子の譬え」という教えがありますが、この譬えは、父親がお釈迦様、息子が衆生を表しています。つまり、お釈迦様は、決して衆生を見捨てることなく、あらゆる智慧をもって、衆生に大切な教えを受け継がせていく、ということが明らかにされているのです。

現代では、「相続」というと、生々しい話のように思えて遠ざける人も少なくありませんが、相続は、財産を遺す親や先祖の「想い」も受け継ぐ大切なものです。だからこそ、本来の「相続」の意味に立ち返り、先延ばしにせず、家族で話し合うことが大切ですね。

それではここで、なぞかけをひとつ。「相続」とかけて、「言葉遣い」ととく、そのこころは、どちらも「継承（敬称）」について、きちんと学びましょう♪

九月二十一日【土俵の四柱が廃止された日】

一九五二年のこの日、観客から相撲を見やすくするために土俵の四本の柱が撤去され、吊屋根となりました。現在では、柱の代わりに四色の房が下げられています。

日本の国技「相撲」――その起源は、古事記や日本書紀にみられる力くらべの神話の時代まで遡ります。そのため一説には、相撲は神事とも深いご縁があるといわれてきましたが、たとえば横綱の「綱」は神社の「しめ縄」が起源であるという説もあります。

さらに、力士が踏む「四股」は、古来、邪悪なものを土の下に押し込む力を持つといわれてきました。相撲は競技以外にも、文化、信仰……と、様々な側面を持つのですね。

それではここで、NHKが戸別訪問で受信料を徴収していた時代の寄席の小咄をひとつ。

「受信料をいただきにあがりました」

「いや～……うちはNHKは見てないので、払いません！」

「そうですか、ご覧になられてませんか……」

「と、とにかく早く帰ってくれ！　早く帰ってくれないと……」

「なにかご用事があるんですか？」

「もうすぐ相撲がはじまる！」

九月二十二日【世界サイの日】

この日は、サイの保護を促進するため、二〇一〇年、世界自然保護基金の南アフリカ委員会により定められた記念日です。

「孤独」――それは人間が最も恐れるもののひとつです。そのため私たちは、孤独の苦しみから逃れるために他者と繋がろうとしますが、結果、その他者との関係が上手くいかなければ、より孤独を深めてしまいます。

そこで仏教では、堂々とした一本の角を持ち、群れることなく単独行動をするインドサイに譬えて、「犀《さい》の角のようにただ独り歩め」と説きます。これは、人間関係で苦しむ人に、サイの角のように孤独を恐れず、その原因から離れて独りで歩めとすすめているのです。

孤独に怯えなければ、苦しみから離れることができる――このような背景から、この教えは決して自ら一匹狼となることのススメではないことが分かりますし、むしろ仏教では、優れた友との交流はすすめられています。

だからこそ、まずは身近な人間関係を大切にしてみることです。だって、一匹狼になってしまったら、サイの「角《つの》」ではなく、人間関係に「角《かど》」が立つだけですからネ☆

九月二十三日【手話言語の国際デー】

この日は、手話言語が音声言語と対等であることを認め、ろう者の人権が完全に保障されるよう、社会全体で意識を高めることを目的として制定された記念日です。

以前、滋賀県で行われた講演会に登壇した際、手話通訳士さんとの事前打ち合わせで、「今日は『比叡山』という言葉を使います」とお話ししたところ、「山」や「寺」ではなく、「比叡山」そのものを表す手話があると教えていただいたことがありました。

なんでも、「比叡山」の場合、両手をグーにして合わせ、それをお客様から向かって右側を下に少しずらすことで、比叡山の山並みを表すのだそうですが、通訳士の方いわく、「右が低くなっている山並み」は、「京都から見た比叡山」であるため、これはあくまでも「京都版」だということでした。

だからこそ、滋賀で通訳をする場合は、「滋賀側から見た比叡山」にするため、お客様から向かって左を低くして、「比叡山」を表しているとお聞きしました。

相手の知識や視覚に合わせ、分かりやすく表現する――通訳士の方々は、まさに「あの手この手」で伝えてくれているのですネ☆

九月二十四日【海藻サラダの日】

「海藻サラダの日」は、日本で最初に「海藻サラダ」を作ったカネリョウグループ会長・高木良一氏の誕生日にちなんで制定された記念日です。

以前、山陰にお住いの男性から「坊主ごろし」という名前の海藻をいただきました。そのインパクト大の名前の由来は諸説あるそうですが、「昔々、和尚さんが法要後の料理に出された海藻を食べたところ、あまりの美味しさに食べ過ぎて亡くなってしまった」という説や、はたまた、「人々が体に良い海藻を食べて健康になり、僧侶がお葬式をする機会が無くなった」というものまで様々です。

私もその不思議な海藻を実際に食べてみましたが、サラダにしても、天ぷらにしてみても、とにかく美味しくて、思わず、料理をする夫に「おかわり」を頼んでいました。そこで、「『和尚さんが食べ過ぎて亡くなった説』はリアルな話かもしれない」と妙に納得したものです。

お土産でいただいたことをきっかけに一瞬で大ファンになった「坊主ごろし」。

今後、仕事で山陰へ行った際は、「海藻」なだけに、また必ず「買いそう」な予感です☆

九月二十五日【骨董の日】

江戸時代、山東京伝による『骨董集　巻之三』に記述された日付に由来する記念日です。古典落語では『はてなの茶碗』や『道具屋』などの演目で骨董品が扱われています。

今も昔も、骨董品は多くの人を魅了しています。ところが近年、骨董品ブームの裏で、転売を目的とした仏像の盗難があとを絶ちません。仏像は信仰の対象であるため、これは大変悲しいことですが、転売を防ぐためには、買い手も「出所のはっきりしないものは買わない」という意識が大切です。

ちなみに以前、とあるお寺で行われた落語会に出演させていただいた際、廊下に並べられた骨董品の壺に体が不意に触れてしまい、割ってしまったことがありました。すぐにご住職に「弁償させてください！」とお詫びすると、ご住職は笑って許してくださいました。そして、私が壺を割ったことを気にしないようにと、「弁償などしなくて良いので、今の状況でひとボケください」とわざわざふってくださったのです。そのお気持ちを有難く頂戴し、私も反省を込めて、お答えしました。

「はい、これがホンマの『破戒僧』ならぬ、『破壊僧』です！」

九月二十六日【台風襲来の日】

この日は、「洞爺丸台風」(一九五四年)や「狩野川台風」(一九五八年)、「伊勢湾台風」(一九五九年)など、台風襲来の回数が多い日であることから制定された記念日です。

仏教界には「暴風」ならぬ「業風」とよばれる風があります。これは「悪業の報いとして感ずる猛風」、「劫末の大風災の時、および地獄などに吹く風」といわれていますが、説明を読むだけでも、背筋が凍りますね。

それにしても、台風はなぜ、「たいふう」と呼ばれるのでしょうか? その由来は、中国語起源説、アラビア語起源説、ギリシャ語起源説……と様々ですが、中国語起源説では、台湾や中国で激しい風のことを「大風(タイフーン)」といったことから、これがヨーロッパで「typhoon」となり、それを「颱風」という字に当てはめたことに由来するといわれています。ここから、「颱風」の「颱」を「台」に変更して「台風」となったとか、はたまた、「台湾の方向から吹く風である」ことから「台風」となったという説もあります。

それではここで、台風に関するクイズです! 「台風の血液型は何型でしょうか?」

正解は、「O型(大型)」でした☆

九月二十七日【世界観光の日】

この記念日は、国際社会における観光への意識を高め、世界各国の人々に対して、国内外への観光を啓発することを目的としています。

人生を豊かにする観光。気を付けたいのが、その土地の文化や風習です。例えば、子どもと接するときに頭を撫でる人がいますが、タイでは、頭部は精霊が宿る神聖な場所とされているため、頭部に触れることはタブーとされています。「他意」がなくても「タイ」では気を付ける必要がありますね！　また、国内では神社仏閣巡りが人気ですが、近年、観光目的で神社仏閣を訪れた人が、ご神体やご本尊に手を合わせないという問題をよく耳にします。その宗教に対する信仰がなかったとしても、神社やお寺は神仏が宿る信仰の場であるため、敬意を払って参拝したいものです。

ちなみに先日、観光イベントで、古都・京都の世界遺産を巡る創作落語を上演させていただきました。これは、延暦寺をはじめ、京都の神社やお寺を観光する旅噺ですが、いつか、この噺を絵本にして出版することを夢見ています♪　そのこころは……？

「観光」なだけに、「刊行」はつきものでしょう♪

九月二十八日【くつやの日】

この日は、二〇一三年九月二十八日に「いじめ防止対策推進法」が施行されたことから、「いじめ防止対策を考える日」に制定されています。

お寺の玄関では、よく「脚下照顧」という文字を目にします。これは「足元に気を付けよ」という意味で、日常生活を直視して、気を付けて進みなさい、ということです。転じて、「履物を揃えましょう」という意味で玄関に掲げられるようになりました。

とはいえ、実は私は、小さい頃から自分の足元を見るのがイヤで仕方がありませんでした。なぜなら、私は足のサイズが二十六センチと大きく、これが最大のコンプレックスだったからです。しかし近年、足の大きい女性が増えたのか、大きなサイズを扱う靴屋さんが増えました。これまでは、男性用の靴を履いたり、大きいサイズ専用の通販サイトで靴を買ったりするしかなかった私は、はじめて街中の靴屋さんで靴を買えたとき、本当に嬉しい気持ちになったものです。しかも、昔と違い、今では大きさが目立たないお洒落な靴もあります。

靴のサイズ展開が増えたおかげで、私はやっと、「靴」が「苦痛」でなくなりました☆

九月二十九日【招き猫の日】

「招き猫の日」は「来（九）る福（二九）」の語呂合わせから制定された記念日です。他にも「く（九）っつく（二九）」の語呂合わせから、「接着の日」にも制定されています。

招き猫発祥の地とされる東京・豪徳寺。

その昔、お殿様が鷹狩の帰りにお寺の前を通りかかると、門前で猫に手招きをされました。そこで、お殿様がお寺に立ち寄ると、突然、雷が鳴り、雨が降り始めたのです。猫のおかげで雷雨を避け、さらに、和尚さんとの会話を楽しんだお殿様は感動し、このご縁を機に豪徳寺を支援することにしました。そして、一六三三年、豪徳寺は再興を遂げたのです。このお殿様こそ、彦根藩主であった井伊直孝でした。彦根といえば、ゆるキャラの「ひこにゃん」が有名ですが、ひこにゃんの誕生は、このエピソードに由来するものです。井伊家なだけに、イイ話ですね♪

他にも、招き猫は室町時代の武将・太田道灌が戦に勝った際に奉納した「猫地蔵」がはじまりだという説もあり、猫なだけに「起源（機嫌）」が気になるところですが、その発祥は諸説ありすぎて、調べていくと招き猫のように「おてあげ」になりそうです☆

九月三十日【両親の日】

「九三〇」を反対から表記すると「〇三九」となり、「お父さん、お母さん（〇）、サンキュー（三九）」の語呂合わせから制定された、両親への感謝の気持ちを表す日です。

両親の恩について説かれた、『父母恩重経』というお経があります。ここには、懐胎守護の恩、臨生受苦の恩、生子忘憂の恩、乳哺養育の恩、廻乾就湿の恩、洗濯不浄の恩、嚥苦吐甘の恩、為造悪業の恩、遠行憶念の恩、究竟憐愍の恩という十の恩があげられていますが、これは、親の妊娠・出産の苦しみや、その苦しみを忘れるほどの出産の喜び、また、我が子のために寝るところも汚れたものも厭わない親心、子どものために罪をかぶる行い、遠く離れた子を想う気持ち、生きている間は子の苦しみを背負い、己の死後も永久に子の身を守ることを願う……といった恩の数々です。

親子関係は決して一筋縄でいくものではありませんが、そのような私たちに、このお経は改めて、大切なことを教えてくれています。

十の恩を知ることで、親に対する気持ちを省みることがあれば、それはきっと、両親によって育まれた、あなたの素敵な「良心」なのでしょうネ☆

十月

十月一日【印章の日】

この日は他にも、「十」と「一」の組み合わせが「＋（N極）と－（S極）」と読めることから、「磁石の日」にも制定されています。

以前、大切な契約の日に印章を無くしてしまったことがありました。半泣きになりながら探すこと三時間……諦めかけた瞬間に印章が鞄からひょっこりと顔を出したので、思わず「ハンコなだけに、ハンコウキ⁉」とツッコミを入れてしまいました。印章の起源は、メソポタミア文明まで遡りますが、日本では、一八七三年十月一日、太政官布告によって公式の書類には実印を押すように定められたことから、ハンコ文化が一般的になったといいます。また、仏教界における印章といえば、「御朱印」です。御朱印とは、本来、お経を納めた際にいただける「納経の証」でしたが、現在では「参拝のしるし」として人々に親しまれています。さらに、近年では御朱印ブームにあやかって、「御船印」や「御城印」も登場しているそうです。

それではここで謎かけをひとつ。「御朱印」とかけて、「ＪＡ」ととく、そのこころは、どちらも、本来の意味は「納経（農協）」です♪

十月二日

【国際非暴力デー】

この日は他にも「豆腐の日」をはじめ、「美術を楽しむ日」「直売所の日」などに制定されています。

一八六九年十月二日、インドの宗教指導者、マハトマ・ガンディーが誕生しました。「非暴力・不服従」を提唱したガンディーの思想は世界中に大きな影響を与えたことで知られますが、ガンディーの尊称「マハトマ」は、「偉大なる魂」という意味を持ちます。

しかし残念ながら、二十一世紀の今日も、戦争をはじめ、世の中はさまざまな暴力に溢れています。伝教大師最澄上人は「我、生まれてより以来、口に麤言《そごん》無く、手に笞罰《ちばつ》せず、今我が同法、童子を打たずんば、我が為に大恩なり、努力《つと》めよ、努力《つと》めよ」と遺されましたが、ここでは、暴言や、とくに子どもへの暴力について、厳しく戒められています。

私もこの教えを胸に、人権講演会ではオレンジリボン（児童虐待防止）の袈裟をつけてお話をさせていただきますが、この袈裟のことは、「くよりうぼ袈裟」と呼んでいます。え？「くよりうぼ」はどういう意味かって？「ぼうりょく」「反対」です。

十月三日【土佐の日】

この日はアンパンマンのアニメ放送が開始されたことから「アンパンマンの日」にも制定されています。作者のやなせたかし氏は高知県出身の両親の元で育ちました。

♬土佐の高知のはりまや橋で　坊さん　かんざし買うを見た♬「よさこい節」の有名な一節です。現代では、有髪の僧侶や女性の僧侶も増えたため、僧侶がかんざしを買う、ということの意味がピンとこない人もいるかもしれませんが、実はこれは実際にあった出来事を題材にした歌詞だといわれています。

一八五五年、高知市にある五台山・竹林寺の僧侶「純信」と、いかけやの娘「お馬」が恋に落ちました。当時、僧侶にとって恋は禁断でしたが、その想いは止めることができませんでした。そしてあるとき、はりまや橋の小間物屋で純信がお馬へ贈るためのかんざしを買っているところが見つかり、噂となって、二人の関係は引き裂かれてしまったのです。なんとも悲しい恋の物語だったのですね。それではここで謎かけをひとつ。

「土佐の名物」とかけて、「夫婦の家事・育児」ととく、そのこころは、どちらも「文旦（分担）」が良いでしょう☆

十月四日【日本刀の日】

この日は「陶器の日」にも制定されています。昔、日本では陶器のことを「陶瓷」と呼んだことから、「十（とう）四（し）」の語呂合わせでできた記念日です。


葬儀の際、故人の棺の上に短刀が置かれることがあります。これは「守り刀」と呼ばれるもので、鍔は無く、刀袋に納められています。その意味は宗派によっても多少異なりますが、故人がお浄土へと無事に辿り着けるよう、その道中のお守りとして置かれるようになったといわれています。

また、葬儀では「お剃刀」といって、導師が故人の頭に剃刀を当てますが、これは、故人が仏様に帰依するための大切な儀式です。

このように、現代でも、刀は私たちの風習、文化に大きな関わりを持っていますが、一説には、交通ルールが「左側通行」になったのも、左側に刀を差す武士たちの鞘が触れ合うのを防ぐために生まれた習慣だといわれています。

それにしても、「日本刀」というテーマから、葬儀や交通マナーまで、話題が盛りだくさんですねって？

やはり、刀なだけに、話の「切り口」を大切にしています☆

十月五日【教師の日】

「世界教師デー」と同じ日付に制定された記念日です。教師という仕事の魅力、現場の先生方の日々の実践、そのための努力を社会に伝えることを目的としています。

「教師」とは、一般的に学業を教える先生のことをいいます。しかし実は、宗教指導者のことも「教師」と呼ぶことは、あまり知られていません。『広説佛教語大辞典』では、「教師」のことを、「教える人」「教化する師」「先生」、そして「釈尊のこと」と説明されています。

ちなみに、私の小学校のときの先生は、宗教的な「教師」でありながら、学校で「教師」をしている僧侶でした。

近年、学校では教師不足が深刻な問題となっていますが、教師の負担を減らすため、現場ではテストの採点にAIを活用したり、部活の顧問を外部委託するなどの取り組みも進んでいます。私も子育てをする親として、いつも子どもたちのために頑張ってくださる先生がたに感謝していますが、是非、職員室では紅茶や緑茶を飲みながら一息ついてもらいたいものです。だって、教師のことを、「ティー（紅茶）チャー（茶）」といいますからネ☆

十月六日【石油の日】

この日は、日付を「一（イ）」「〇（オ）」「六（ル）」と見立て、並べ替えると「オイル（石油）」となることから、オイルショックの教訓を忘れない日として制定されました。

石油製品は、私たちの日常生活に欠かせないものです。ガソリンやアスファルトをはじめ、石油は、洗剤やプラスチックなどの化学製品の原料としても使われています。

日本での歴史を見てみると、『日本書紀』には「越の国より燃ゆる土と燃ゆる水を天智天皇に献上した」と記されており、これは、現在の新潟県胎内市（旧・黒川村）であるといわれています。そのため、黒川地区は石油発祥の地とされ、黒川石油公園では、毎年「黒川燃水祭」が行われています。この神事では、黒川地区にあるシンクルトン記念公園内の「臭水油坪」からカグマという植物を使って水面にある石油を採油し、古事にのっとり、滋賀県の近江神宮に燃水を献上するといいます。

近年、石油が高騰しており、生活にも影響が出ていますが、特に、ガソリンや灯油が生活に欠かせない北海道在住の友人は、石油なだけに、それらの「セーキュー書（請求書）」が恐ろしいといっています☆

十月七日【盗難防止の日】

「十（とう）七（なん）」という語呂合わせから制定された記念日です。盗難被害を防ぎ、その犯罪を無くすことを目的としています。

二〇二三年四月、長野市の善光寺で「撫仏」として親しまれる「びんずる尊者」像が盗難に遭いました。びんずる尊者はお釈迦様のお弟子さんで、神通力の持ち主として知られる僧侶でした。そのため、びんずる尊者像は、病を持つ人が自分の患部や気になる部分と同じところを触れると、その神通力にあやかり、治していただけると伝えられています。

この事件では、発生から約三時間後、松本市内でびんずる尊者が無事「保護」されましたが、その後の盗難防止策も注目されました。なぜなら、人々が撫でることでご利益をいただける仏様ですから、ガラスケースに入れておくわけにもいきません。そこで導入されたのが、像が動かされたりした場合、重さの変化を検知して通知されるシステムでした。

ちなみにサスペンスドラマでは、泥棒は北へ逃げるのがお決まりですが、落語であれば、きっと、泥棒の逃げる先は「東南（盗難）」で決まりでしょうネ！

十月八日【頭髪記念日】

「十（とう）八（はつ）」の語呂合わせから、多くの人に頭皮や毛髪についての意識を持ってもらうために制定された記念日です。

私の夫の悩み……それが、髪の毛です。先祖代々の強力な遺伝子は、夫の頭髪を日々薄くしていきますが、現実「逃避（頭皮）」しないように、夫は自身の輝く頭のように明るく生きています。ちなみにキリスト教徒の夫曰く、『聖書』には「神様は私たちの髪の毛までも一本残らず数えておられる」と説かれているそうです。そうなると、夫のように髪の毛の本数が少ない人は、神様のお手を煩わせないため、ある意味、神様孝行（？）かもしれません！

また、仏教では出家すると剃髪をしますが、これは、髪の毛が煩悩の象徴とされることに由来します（諸説あり！）。剃っても剃っても生えてくる髪の毛は、次から次へと湧き出る煩悩に似ています。だからこそ、常に煩悩を捨てるように、日々、髪の毛を剃るのですね。

私も剃髪してから十三年以上経ちますが、特に、髪の毛を伸ばしたいと考えることはありません。なぜなら私は、「神（髪）」よりも仏の道を選んだ身ですから☆

十月九日【道具の日】

この日は他にも「熟睡の日」「土偶の日」「トラックの日」「アメリカンドッグの日」など、沢山の記念日に制定されています。

「道具」とは、仏道を修めるために必要な「仏道用具」のことを表す仏教用語でした。

修行者は、「三衣一鉢」という、三種類の衣と托鉢用の鉢が必要ですが、これに、敷物の「坐具」と、飲み水をこすための「漉水嚢」を加えたものを「六物」といいます。「道具」は、僧侶が常に身につける、これらのものを称する言葉だったのです。

ちなみに古典落語には『道具屋』というお噺がありますが、現代では、骨董屋やリサイクルショップにあたるものです。私もお寺を建てるときは、お寺で使うソファーや椅子をリサイクルショップで購入しましたが、そのときはお金が全くなかったため、思い切って値段交渉をしてみました。すると店員さん、「おたく、さすが落語家やねえ！　そんなうまいこといわれたら、まけなしゃあないわ！」と笑いながらサービスしてくださいました♪

リサイクルショップは「道具」が売り物ですが、私は「トーク」で勝負です☆

十月十日

【転倒予防の日】

「転倒予防の日」は、転倒予防の普及や啓発活動を行う記念日です。他にもこの日は「てんとう虫の日」や「トマトの日」などに制定されています。

高齢者が元気に過ごすため、日常生活で気を付けたいのが「転倒」です。転倒は骨折の原因となり、骨折は高齢者の健康や生活に大きな影響を与えるため、注意が必要です。

また、仏教でも、私たちが気をつけるべき「顛倒」という教えがありますが、これは、正しい見方・あり方の「反対」であることをいいます。たとえば仏教では、世の中には常なるものは何もない「無常」を説きますが、それでも私たちはそれらのものを「常」なるもの、つまり「永遠」と信じようとします。このように、真理と反対の考え方をすることが、苦しみの原因となるのです。

というわけで、私も日頃、仏教的な「顛倒」と、体の「転倒」に気をつけていますが、先日、温泉に入ったところ、ツルっと滑って転んでしまいました。すると、周囲の人たちが「大丈夫ですか？　お怪我はないですか？」と聞いてくださいました。

ご心配なく！　私は僧侶なだけに、「毛が（怪我）」ありません☆

十月十一日【ハンドケアの日】

「手（十）にいい（十一）」という語呂合わせから制定された記念日です。手肌の乾燥で悩んでいる人にハンドクリームを塗り始めてもらう日とすることを目的としています。

その昔、川のそばを馬に乗ったお殿様が通りかかりました。すると、河童が馬の尾を引っ張って川へ引きずり込もうとしたので、お殿様は刀を抜き、河童の手を切り落としたのです。夜中になると、お殿様のもとを訪れた河童が泣きながら「手を返して欲しい」とお願いしました。そこでお殿様が手を返すと、御礼として、河童が魚を届けてくれるようになったのです。ところがある日、魚が届かなかないのでお殿様が川へ行ってみると、河童が魚を持ったまま亡くなっているのを見つけました。哀れに思ったお殿様は河童を祀りましたが、これが、茨城県小美玉市の手接神社のはじまりだと伝えられています。そのため、手接神社は手の病気に御利益をいただける神様として信仰されてきました。

命を奪われそうになったお殿様と、手を切られた河童の関係が「怨み」ではなく「優しさ」に展開した不思議な物語。河童なだけに、過去のことは「水に流した」からこそのご縁でしょうネ☆

十月十二日【パンの日】

毎月十二日はパンの日です。この日は他にも「豆乳の日」や「PRの日」「ネット銀行の日」などに制定されています。

【死んでない　だけで生きてる　とはいわぬ】――高校生の頃、思い悩むことがあり、抜け殻のような日々を送っていたことがありました。この川柳は、その頃の自分を詠んだ一句です。そのような時期があったことから、はじめて『聖書』の「人はパンのみにて生きるにあらず」を知ったときは、深く頷いたものでした。これは、人間が生きていくためには、物質的なものだけではなく、精神的にも満たされる必要があるということです。キリスト教の教えではありますが、私も、信仰に生かされるようになってから、これまで着ぐるみのようだった自分の体が動き出すような喜びを感じたので、とても共感するものでした。人間が生きるうえで食べ物は欠かせないものですが、心に光が注がれることも、また大切なのです。

ちなみにこの日はコロンブスが新大陸アメリカに到達した日でもありますが、パンは「イースト」でも、コロンブスは「WEST（西回り）」でアメリカに到達したのですネ☆

十月十三日【引っ越しの日】

一八六八年のこの日、明治天皇が京都御所から当時の江戸城（現在の皇居）に入城されたことに由来する記念日です。他にもこの日は「豆の日」などに制定されています。

引っ越しシーズンになると、お仏壇の扱い方についてよくご質問をいただきます。

お仏壇は普通の家具とは違い、仏様やご先祖様をお祀りする神聖な場所ですから、引っ越しをする際には、僧侶による「魂抜き（お性根抜き）」を行い、引っ越し後に「魂入れ（お性根入れ）」をする必要があります。

ちなみにお仏壇と引っ越しといえば、古典落語に『宿替え』（江戸落語では『粗忽の釘』）という演目があります。あるとき宿替えをした夫婦。引っ越し先で妻が夫にホウキをかけるための釘を壁に打って欲しいと頼んだところ、夫が長い釘を打ってしまい、隣家の壁を突き抜けてしまいました。そこで隣家をたずねに行くと、その長い釘は、隣家の仏壇を打ち抜き、阿弥陀様の頭上から飛び出していたのです。なんともバチ当たりなお噺ですが、このような夫にこそ、引っ越し先では粗相をしないよう、よ～く「釘をさしておく」必要がありますネ☆

十月十四日【鉄道の日】

一八七二年九月十二日（新暦十月十四日）、日本初の鉄道が新橋〜横浜間で開業したことに由来する記念日です。

「鉄分高めですね（笑）」――鉄道マニアの息子は、よく鉄道マニアの先輩がたから、このような褒め言葉（?）をいただきます。鉄道マニアには、乗り鉄、撮り鉄、音鉄……と、さまざまな分類があるそうですが、マニアでない人でも、素敵な観光列車での旅を夢見たりするなど、鉄道は、今も昔も人々を魅了し続けています。

ところで、鉄道と神社仏閣は深いご縁で結ばれていることをご存じでしょうか。明治中期以降、鉄道網は全国へと及びましたが、そのなかで、有名な神社やお寺を目標地点とする鉄道が次々と誕生したのです。たとえば、島根県で「ばたでん」と親しまれる一畑電車は、一九一二年、一畑薬師への参拝客の輸送を目的に建設されました。他にも、大阪府貝塚市の水間寺を目指す水間鉄道など、全国各地に味わい深く有難い参詣鉄道があります。それではここで、なぞなぞです！

乗車賃を取られない大阪の路線は？

正解は、「環状線（勘定せん）」でした☆

十月十五日【きのこの日】

この日は、鍋物の季節を迎え、店頭にも沢山のきのこが並ぶことから、きのこの消費拡大や生産振興などを目的として制定された記念日です。

あるとき、お釈迦様は信心深い鍛冶屋のチュンダという男性から食事の施しを受けました。チュンダは張り切って料理人に料理を作らせましたが、なぜか、その食材の中に毒きのこが紛れ込んでいたのです。

食事がはじまると、お釈迦様は即座にこれは毒きのこだと気が付かれました。しかし、チュンダの施しの気持ちを無駄にしてはいけないと考え、そのきのこを召し上がられたのです。結果、お釈迦様は食中毒の症状に見舞われ体調を崩してしまいましたが、それでも、お弟子さんたちには「決してチュンダを責めてはいけない」と説かれたといいます。

現代でも、食用きのこにそっくりな毒きのこがありますので、自分で採ったものは安易に食べず、店頭で販売されているきのこを買うことをおすすめします。ちなみに私もきのこが大好きで、この季節は「しいたけステーキ」が一番のご馳走ですが、その味は、きのこなだけに、「金賞（菌床）」ものですよ☆

十月十六日【辞書の日】

「辞書の日」は、アメリカの学問・教育の父と呼ばれた辞書製作者ノア・ウェブスターの誕生日に由来する記念日です。

私が最も頼りにしている辞典、それが、仏教学者・中村元先生の『広説佛教語大辞典』です。あとがきによると、この辞典は誕生するまでに大変な道のりがあったといいます。

というのも、中村先生はこの辞典の編纂に着手されてから、約二十年の歳月をかけて、二百字詰原稿用紙約四万枚、約三万語の原稿を仕上げられましたが、なんと！　その原稿を、出版社が紛失してしまったのです。当時、その出版社では道路拡張工事のため、引っ越し作業が行われていたといいます。聞くだけでも気絶しそうな事件ですが、それでも先生は、一か月後には再び筆を執り、新たに八年の歳月をかけて、苦労の末、辞典を完成させたのでした。私が現在使用しているのは、この辞典が二度の改訂を経たもので、その語彙は約五万三千におよびます。

中村先生が「伝道」のために刊行された素晴らしい辞典は、時代を超えて、私にとっての日々の学びの「殿堂」となっています☆

十月十七日【天社禁止令の日】

この日は他にも「貯蓄の日」に制定されています。日付は、五穀豊穣の感謝祭「神嘗祭」の日であることにちなみ、勤労の実りであるお金を大切にすることを目的としています。

大河ドラマや漫画等でたびたび登場する「陰陽師」――陰陽道は古代中国の陰陽五行説にもとづく天文・暦数・卜筮（占い）・相地（方角・地相）などに関する学問と方術で、その目的は禍を避け、福を求めることにあります。日本へは七世紀のはじめに僧侶によって伝えられ、陰陽道を司る役所を陰陽寮、術を司る者を陰陽師というようになりました。ところが、一八七〇年十月十七日、明治政府が陰陽寮廃止政策の一環として「天社禁止令」を出したことによって、陰陽道は禁止されてしまったのです。ちなみに私は陰陽師関係の本をよく読むため、先日、とある取材でそのようにお話をしたところ、歴史や宗教には全く関心がないという記者の方から、最後の最後に聞かれました。「……で、その～……オンミョウジって、何県にあるんですか?」。

なんと、安倍晴明は陰陽「寺」というお寺の住職だと思われていたようです! んな、あほな～!

十月十八日【米食の日】

この日は「ドライバーの日」に制定されています。トラックやバス、タクシーなどのプロドライバーに感謝するとともに、その地位向上を目指す日です。

お米のことを「シャリ」といいます。「舎利」はもともと仏教用語で、お釈迦様の「ご遺骨」を表す言葉でした。ではなぜ、お米が「シャリ」と呼ばれるようになったのかというと、小粒で白く綺麗なお米はお釈迦様のご遺骨のようであることから、お米のことを「シャリ」と呼ぶようになったのです。

毎月十八日は、若者の米離れを防ぎ、米の消費を拡大することを目的とする「米食の日」に制定されていますが、米の消費量は年々減少しており、六十年ほど前と比べると、国民一人当たりの消費量は約半分となっているそうです。近年では、朝はパン派という人も増えましたが、やはり、私はお米を食べると力が出るため、毎朝、玄米を食べるようにしています。特に、情報番組に出演する日は、ゲン担ぎの意味でもお米は欠かせません。そのこころは……？

今日も番組で、良い「コメ」ントをできますように☆

十月十九日【伊勢の神棚の日】

伊勢伝統工芸保存協会が『神殿』と名付けた神棚が、三重県指定伝統工芸品に認定された記念日です。伊勢の伝統工芸品の認知度を高めることや、地域の活性化を目的としています。

毎朝、お伊勢様の神棚にお参りをしてから、仏壇でお勤めをしています。伊勢伝統工芸保存協会によると、「伊勢の神殿」とは、伊勢神宮の建築様式である「唯一神明造」を忠実に模したもので、お伊勢参りが流行した江戸時代、御師《おんし》が諸国を巡り歩いた際に神殿の注文を受け、神宮の宮大工が仕事の合間に作るようになったのが始まりといわれています。

神棚は私たちの目線より高い場所にお祀りをしますが、マンションで神棚をお祀りすると、神棚が上層階に住む人よりも低い位置になってしまいます。そのような場合は、神棚の上部に「雲」とよばれる紙や板を設置することにより、神棚より上は空であるとして、神様に敬意を表します。

ちなみに先日、ポイントを貯めるのが好きな友人から、神具店や仏具店では購入ポイントが付くのか聞かれました。もし、宗教用具の購入でポイントが付くのであれば、名前は「参る（マイル）」で決まりでしょうネ☆

十月二十日【老舗の日】

商売の神様として知られる恵比寿様のお祭り「恵比寿講」の日に合わせ制定された記念日です。他にもこの日は「新聞広告の日」や「床ずれ予防の日」に制定されています。

世界最古の企業――それは、大阪市天王寺区に本社を置く社寺建築の老舗「金剛組」です。創業は、飛鳥時代の五七八年。四天王寺建立のために聖徳太子の命を受け、百済から三人の工匠が招かれましたが、そのうちの一人が金剛組初代の金剛重光でした。

金剛家は創業から江戸時代までは四天王寺のお抱えの宮大工でしたが、明治に入り、いわゆる「神仏分離令」が出されると、その余波で四天王寺が寺領を失ってしまいました。そこで、他の寺社にも進出することになったのです。その後も、金剛組は様々な苦難に遭いましたが、創業から一四五〇年近くなる今日まで伝統の技を守り、寺社建築を支えてきました。

ちなみに私は仕事の関係で、年に二、三度、金剛組の方にお会いする機会がありますが、必ず、最後はこのようにご挨拶をさせていただきます。「どうぞ、『コンゴー（金剛）』とも、よろしくお願いいたします☆」

十月二十一日【あかりの日】

一八七九年のこの日、エジソンが世界ではじめて白熱電球を作ったことに由来する記念日です。近年では、高齢者を中心に、火事予防のための仏壇用ＬＥＤ蝋燭が人気です。

「長者の万灯より貧者の一灯」ということわざがあります。

あるところに、ナンダという名の貧しい少女がいました。あるとき、ナンダさんはお釈迦様のお説法を聴いて感激し、お釈迦様になにかしらの寄進をしたいと思いましたが、貧しい自分には何も買うことができません。そこでナンダさんは、自分の大切な黒髪を売って、そのお金でお釈迦様に小さな灯を捧げたのです。すると不思議なことに、大金持ちが競って寄進した大きな灯篭の灯は消えてしまっても、ナンダさんの灯だけは大風が吹いても最後まで消えず、輝いていたといいます。

生活は貧しくても、心豊かな人は幸いです。このことわざは、お金持ちの多額の寄進よりも、貧しい人の心のこもった寄進のほうが尊いという譬えなのですね。

それではここで、謎かけをひとつ。「あかりの日」とかけて、「古典芸能」ととく、そのこころは、どちらも「電灯（伝統）」を大切にするでしょう☆

十月二十二日【あんこうの日】

この日は、あんこう鍋発祥の地・北茨城市で初めて民宿を営み、あんこう料理を全国に広めた武子光男氏の命日にちなんで制定された記念日です。

我が家には、「フサオ」という名前のチョウチンアンコウのぬいぐるみがいます。その愛らしさから、あんこうの大ファンになった私は、あるとき、その名前の由来を調べてみることにしました。すると、「赤魚」が転じたという説や、その特徴である「顎」が転じたという説など、諸説あることが分かりましたが、なんと、仏教の「安居《あんご》」に由来する、という説もあったのです。

「安居」とは、一定期間、僧侶がひとつの場所にこもって修行することをいいますが、これはもともと雨季に外出を控えることで、昆虫類などを殺生しないようにはじまった修行でした。この「安居」と、海底でじっと動かないあんこうの姿が似ているということから、「あんこう」になったといわれているのです。

それではここで、あんこうの食文化に関する謎かけをひとつ。「あんこう」とかけて、「漢方薬を飲むタイミング」ととく、そのこころは、どちらも「食感（食間）」が良いでしょう☆

十月二十三日【不眠の日】

毎月二十三日は「不眠の日」です。また、他にもこの日は「おいもほりの日」や「電信電話記念日」に制定されています。

「今日の仕事が楽しみすぎて、昨日は夜しか眠れませんでした！」――あるとき、舞台でこうお話したところ、お客様から「当たり前や！（笑）」とツッコミをいただきました。しかし世の中には、夜眠ることが当然ではない、不眠で悩まされている人もいます。

そのようなお悩みを抱える人たちを導いてくださるのが、大阪府泉佐野市にある、日本で唯一の枕の神社・日根神社です。ここでは、一日の安息の場所である寝室を守護し、安心して休めるよう、ご祈願をしていただけます。

ちなみに私の経験では、不眠で悩む人は、スマホの電池残量が常に少ない、という特徴がありま す。おそらく、夜、眠れないと悩むうちにスマホを触ってしまうのでしょうが、これでは脳が刺激され、より寝づらくなってしまいます。だからこそ、不眠で悩む人は、まずは、スマホを充電する＝スマホを寝させることをおススメしています。

以上、「フミン」ならぬ兵庫「ケンミン」からのご提案でした☆

十月二十四日【天女の日】

この日は、天女伝説のある全国各地の自治体で構成する、天女サミット共同宣言市町によって制定された記念日です。

天女とは、天界に住む女性のことをいいます。天界は、仏教の「六道」＝「六つの迷い」の世界のひとつです。

①天界：天人の住む世界　②人間界：私たちが今いる世界　③修羅界：阿修羅の住む争いの世界　④畜生界：本能の赴くまま生きる畜生の世界　⑤餓鬼界：飢えと渇きに苦しむ餓鬼の世界　⑥地獄界：罪を償う刑務所のような場所

ではなぜ、天界が迷いの世界なのでしょうか？　仏教における天界は、人間界より苦しみがはるかに少なく、寿命も長いという、一見、魅力的な世界です。しかし、ほぼ満たされた世界であるため、危機感を持てないのです。結果、悟りを求める気持ちが起こりません。一方、人間界は悩み苦しみがあるがゆえに、私たちは仏様を求める心を起こします。つまり、人間界は仏様の教えに出会うことのできる「チャンスの世界」なのです。天界とは違いますが、人間界には人間界ならではの、素敵な「展開（天界）」があるということですネ☆

十月二十五日【島原の乱の日】

この日は、一九九五年十月二十五日にイタリアで第一回世界パスタ会議が開催されたことから「世界パスタデー」に制定されています。

一六三七年十月二十五日、島原の領民が代官・林兵左衛門を殺害したことをきっかけに、「島原の乱」が勃発しました。これは日本の歴史上、最も大規模な一揆といわれ、鎖国政策のきっかけにもなったことで知られる内戦です。その背景には、過酷な年貢の取り立てと、キリスト教の弾圧があったといわれていますが、この一揆によって、江戸幕府はキリスト教の弾圧をさらに強めることになりました。そのため、キリスト教の信仰を持つ人々は、二百五十年もの間、沈黙のなか信仰を守っていくことになったのです。

ちなみに、歴史の舞台となった島原市では、干潟やサンゴ礁などの浅場で石を積み上げて作った囲いで、潮の干満を利用して囲いの中に閉じ込められた魚をとる「スクイ」という伝統的な漁法があります。

潜伏キリシタンが長い間信仰を守り続けた島原には、やはり、「スクイ（救い）」が息づいているのですネ☆

十月二十六日【弾性ストッキングの日】

一八四八年のこの日、ウィリアム・ブラウン氏がイギリスで弾性ストッキングの特許を取得しました。弾性ストッキングは、圧迫圧によって四肢の循環を改善させるものです。

年に数回、托鉢へ出ることがあります。托鉢の際は、衣に加え、網代笠に手甲、脚絆という姿になりますが、実は、脚絆の役割は脚を守るだけではありません。足首やふくらはぎを締め付けることによって、弾性ストッキングのような役割を果たしているのです。その効果は抜群で、一軒一軒、家をたずねていく戸別托鉢でも、駅で立ち続ける托鉢でも、足が重たくなることはありません。私は昔からむくみやすい体質でしたが、脚絆の効果を知ってから、弾性ストッキングをはくようになりました。おかげでむくみも少なくなり、体もスッキリしています。

近年では、様々な弾性ストッキングが開発されており、私の周囲でも日常生活に取り入れる人が増えていますが、まずは、説明書に従い、正しく着用することが大切です。

それにしても、名前は「だんせい」ストッキングなのに、「女性」に人気の商品とは、なんとも面白いですね☆

十月二十七日【文字・活字文化の日】

二〇〇五年、「文字・活字文化振興法」ができたことから、十月二十七日〜十一月九日までの「読書週間」の初日であるこの日が「文字・活字文化の日」に制定されました。

私がこの世の中で最もお得だと思うもの、それが「本」です。本はコンパクトなうえに数千円で手に入れることができますが、一冊の本から得られる知識や世界観はまさに宝物です。近年では、活字離れが進んでいるといわれますが、やはり、活字ならではの味わいや学びがありますね。

また、私たち僧侶は、日々、沢山の文字を目にします。なぜなら、朝夕にお経を上げているからです。お経の「経」は、もともと「たて糸」という意味があり、転じて、教えの基本線を意味する言葉でした。仏教では、お釈迦様の教えを文章にまとめたものを「お経」といいます。ちなみに、私たちになじみ深い『般若心経』は、文字数にすると、二六二文字で成り立っています。本には沢山のジャンルがありますが、日頃、あまり本を読まないという若い方には、マナーの本がおススメです。文字からしっかりとマナーを学べば、大切な場面で「モジモジ」せずにすみますよ♪

十月二十八日【にわとりの日】

毎月二十八日は「にわとりの日」です。仏教では「にわとり」といえば十二支の「にわとり」ですが、酉年の守り本尊様である不動明王様のご縁日も、毎月二十八日です。

栃木県と茨城県の県境に「鶏足山」という山があります。ここは、弘法大師空海上人の伝説がのこる山ですが、あるとき、空海上人が山の近くでご修行をされていると、鶏の鳴き声がしました。そこで山に登ってみたところ、鶏冠の形をした大きな岩があったので、この山が「鶏足山」と名付けられたといいます。他にも、山の中には「護摩焚石」など、伝説にまつわる石があるそうです。

そして、この山に限らず、全国各地に「鶏足山」を山号とするお寺がありますが、これは、古代インドのマガダ国にあった山のことで、お釈迦様のお弟子さんで「頭陀第一」と呼ばれた摩訶迦葉さんが入定した地だとされています。

ちなみに、インドの鶏足山のことはよく分かりませんが、日本の鶏足山は標高四三〇・五メートルだといわれています。え？　それはどうやって分かったかって？　もちろん、ちゃーんと「計測(鶏足)」した結果です☆

十月二十九日【獣肉（ジビエ）の日】

害獣として捕獲され、殺処分された鹿や猪の命を無駄にせず、美味しいジビエに昇華させ、命のバトンを繋げる取り組みを推進する記念日です。

平安時代、天台宗の高僧で恵心僧都源信様という僧侶がいました。源信様は地獄極楽についてまとめた『往生要集』などを記した方で、様々なエピソードがありますが、その中に、鹿に関するお話があります。

あるとき、源信様が庭で草を食べている鹿を見つけました。心優しい源信様ですから、笑顔で「いいよ、食べなさい」と鹿に微笑みかけるのかと思いきや、なんと、鹿を打って追い払ったのです。その様子を見ていた人がいいました。「源信様も草を惜しんで動物を追い払うとは、慈悲がないんですね」。すると源信様。「もし私が鹿を打たなければ、この鹿は人間に慣れてしまい、悪人が近付いてきても逃げることをせず必ず殺されてしまうでしょう。だから私は打ったのです」。

見せかけの優しさや、求められるままに与えるという行為は、相手のためになりません。慈悲深い源信様だからこそ、鹿のために、「鹿」を「叱」ったのですネ☆

十月三十日【リラクゼーションの日】

総務省の日本標準産業分類にて「リラクゼーション業（手技を用いるもの）」が新設されたことから制定された記念日です。日付は告示日である二〇一三年十月三十日から。

数年前、入院していた祖母のお見舞いへ行くと、祖母の足がむくんでいたので、マッサージをしました。すると、みるみるうちに柔らかくなった祖母の表情。気持ちよさそうに「まるこ、あんたは落語だけじゃなく、将来、良い按摩さんにもなれるよ」と笑いました。リラクゼーションとは、心身の緊張を解きほぐすことをいいますが、今でも、祖母のあの気持ちよさそうな顔が忘れられません。

ところで、「按摩」とは、『広説佛教語大辞典』によると原語はサンスクリット語の「パリピーダナ」に由来するもので、身体を「あまねく押すこと」、「手足をもむこと」を意味しました。サンスクリット語にこのような言葉があるということは、古代インドでも揉み治療が行われていたということですね。

ちなみにこのとき、祖母から「良い按摩さんになる」といわれた私は、思わずツッコミを入れました。「おばあちゃん、しっかりしてや！ 私、按摩さんやなくてアマさんやで！」

十月三十一日【天才の日】

この日は「ハロウィン」でもあります。ハロウィンは古代ケルト人が行っていた祭典を起源とするもので、諸聖人の祝日の前夜に行われるお祭りです。

天性の才能と書いて「天才」――この言葉を聞くと、思わず、赤塚不二夫先生の漫画『天才バカボン』を思い出します。「バカボン」の意味は諸説ありますが、一説には、仏教の「薄伽梵」に由来する言葉だといわれています。

「薄伽梵」とは、仏様に対する尊称で、「世尊」や「すぐれた者」、「煩悩を打ち破る者」などの意味を持つ言葉でした。いわゆる「馬鹿」とはまるで反対の意味ですね。

ちなみにここだけの話、私は落語家として入門した当時、二代目露の五郎兵衛師匠から「天性の才能がある」といわれたことがありました。名人から「天性の才能がある」といわれたものですから、私は天にも昇る気持ちでしたが、続きを聞いてみると……? 「お前さんの顔は、落語をするのにちょうど良い絶妙の顔や！ それは、才能や！」とのこと……！

あまりにもマヌケな思い出なので、この「天才」に関するエピソードは「転載」禁止でお願いします！

十一月

十二月一日【紅茶の日】

一七九一年のこの日、大黒屋光太夫がロシアのエカテリーナ二世の茶会で紅茶を飲んだことに由来する記念日です。他にもこの日は「本の日」や「警備の日」に制定されています。

紅茶の茶葉の等級を表す「オレンジ・ペコ」という言葉があります。「ペコ」はもともと中国語の「白毫」に由来する用語ですが、仏教における「白毫」とは、仏様に具わっている三十二の特徴（三十二相）の一つで、仏様の眉間にある白い巻き毛のことをいいました。右回りに巻いて収まる白毫は、伸ばすと一丈五尺あり、そこから放たれる光は世界をあまねく照らすものとされてきました。

また、紅茶の主な産地といえば、仏教国スリランカですが、実は私の生家（静岡県富士宮市）は、現在、スリランカ寺院の日本別院「スガタ精舎」となっています。そのような不思議なご縁から、スガタ精舎の長老様とお付き合いをさせていただいていますが、たびたび長老様からいただくお便りには、いつも、きっぱりと仏様の正しい教えが綴られており、大変勉強になっています。

やはり、「スリランカ」なだけに、「正論（セイロン）」はつきものなのですネ☆

十一月二日【習字の日・書道の日】

日付が「いい文字」という語呂合わせになることから制定された記念日です。文字を書くことに親しみを持ち、手書きで文字を書く大切さを伝えることを目的としています。

「字がヘタなんですが、大丈夫ですか……？」――お寺での写経会では、よくこのようなご質問をいただきます。しかし、写経は決して上手な字で書くことを目的としているわけではありません。字がヘタでも、もちろん大丈夫です。大切なのは、一字一字、思いを込めて丁寧に書くことです。ところで、写経にはどのような意味があるのでしょうか？　写経とは、「供養のために経文を書写すること」ですが、それは最も功徳の大きな行いのひとつとされています。写経をすることによって自分自身の心（仏性）を磨き、より仏様を身近に感じることができますね。

ちなみに、私の夫は長年、書き方教室に通っています。すると最近、正式な書類を手書きするときに、下書きから綺麗に書き写すようになったので、「書き方教室の効果が出てるね♪」と感想をいってみたところ、夫が答えました。「はい、僕はキリスト教徒ですから、『清書（聖書）』はお任せください」☆

十一月三日【高野豆腐の日】

伝統食材の高野豆腐を食べて新年を迎えて欲しいとの願いを込めて、「高野」は「五八」と語呂合わせできることから、新年まで残り五十八日であるこの日に制定されました。

「凍り豆腐」と聞くと、どのような食べ物を想像しますか？　実はこれは「高野豆腐」の意外な「本名」なのです。では、なぜ「凍り豆腐」というのかというと、寒中に豆腐を小形に切って屋外で凍らせたあと乾かしたものであるため、そのような名前になったといいます。そして、これが高野山の僧侶たちによって作られていたことから「高野豆腐」と呼ばれるようになったのです。

高野豆腐は栄養成分が濃縮されているため、普通の豆腐よりもカルシウムや鉄分などのミネラルが豊富です。また、長期保存ができるうえに、和・洋・中、どんな料理にも使えるので、有難い食材ですネ♪

ちなみに以前、お世話になっているお客様から、高野豆腐を沢山送っていただいたことがありました。送料が気になったのでお聞きしてみると、お客様がいったのです。

「どうぞお気遣い無く♬　高野山のお坊さんが作っていた豆腐なだけに、『送料（僧侶）』無料です！」

十一月四日

【ツタンカーメン王の墓が発掘された日】

この日は他にも「いい刺しゅうの日」「いい推しの日」「いいよの日」など、語呂合わせにちなんだ記念日が沢山あります。

出家する前、私の本名は「ハトル」といいました。これは、エジプトで信仰されている、愛と喜びの女神の名前です。

古代エジプトでは、人は死後の世界で生き返ると信じられてきました。そのため、王の遺体は腐らないようミイラにされ、そのお墓であるピラミッドには、沢山の宝物が収められたのです。ところが、宝物に目をつけた泥棒がピラミッドを荒らすようになったため、王の墓は見つけにくい岩場「王家の谷」に作られるようになりました。そして二十世紀になると、エジプトの研究者たちによる王家の谷の発掘が盛んになり、一九二二年十一月四日、イギリス人の考古学者・ハワード・カーターによってツタンカーメンのお墓が発見されたのです。発見から数年後、金の棺の中から、黄金のマスクを付けたツタンカーメンが現れました。それではここで、クイズです。

「考古学者に欠かせない靴はなあに？」

正解は、「はっくつ」でした☆

十一月五日【ごまの日】

「一一（いい）五（ごま）」の語呂合わせから制定された記念日です。ごまは油分、たんぱく質、ビタミン、ミネラル、食物繊維などが豊富で、栄養価の高い食品です。

「ごま」といえば、仏教では「護摩」です。「護摩」はもともとサンスクリット語で「ホーマ」といい、「焼く」という意味がありました。その起源は、古くインドで行われていた火の神様を供養するお祭りで、それがいつしか仏教と融合したといわれています。護摩の火は仏様の「智慧」を意味しますが、護摩供養では、智慧の火で煩悩を焼き尽くし、導師が仏様に祈願者の願いを伝え、成就するよう祈ります。そのご利益はというと、災いを除く「息災」、福をもたらす「増益」、悪を屈服させる「降伏」などがあげられます。

ちなみに、護摩は密教の教えですから、お伝えできることと、お伝えできないことがあります。でも、ひとつだけいえるのは、護摩供養は祈願する人の未来を切り開く「開けゴマ！」になるということです。え？　そんな言葉で説明して、本当はよく分かっていないんじゃないかって？　いえいえ、私は決して、ダジャレで「ゴマ」かしてなどいませんヨ☆

十一月六日【アパート記念日】

一九一〇年のこの日、東京・上野に日本初の五階建て七十室の木造アパートが完成したことに由来する記念日です。

漫画家・中村光先生による、宗教を題材にした作品『聖☆おにいさん』（講談社）。

これは、世紀末を無事に乗り越えた「目覚めた人ブッダ」（お釈迦様）と、「神の子イエス」（イエス・キリスト）が、東京・立川の安アパート「松田ハイツ」で同居しながら、「下界」でバカンスを過ごすというお話です。私も大ファンのひとりですが、この漫画をきっかけに仏教やキリスト教に関心を持ってくれた人も沢山いるというので、僧侶としても、とても嬉しく思っています。

ちなみに、「同居」は仏教用語でもありますが、仏教においては「どうご」と読み、これは、「居を同じくする」という意味に加え、「凡夫も聖者も共に住むこと」、つまり、この世のことを表す言葉でした。

それではここで、謎かけをひとつ。

「アパートの決め手」とかけて、「裕福な人」ととく、そのこころは、どちらも「立地（リッチ）」でしょう☆

十一月七日【知恵の日】

一九八八年のこの日、『朝日現代用語知恵蔵』が発刊されたことを記念して制定された記念日です。二〇〇九年以降は用語解説サイト「コトバンク」内で情報提供をしています。

「知恵」と「智慧」の違いとは何でしょうか? 私はこれまで、知識やアイデアを「知恵」、仏教に関することは「智慧」と使い分けていましたが、『広辞苑』を引いてみると、「ちえ」は「知恵・智慧」として、「物事の理を悟り、適切に処理する能力」と紹介されており、続いて、仏教では「真理を明らかにし、悟りを開く働き。宗教的叡智」、哲学では「人生の指針となるような、人格と深く結びついている哲学的知識をいう」とありました。

一方、『広説佛教語大辞典』では「智慧」と「知恵」を明確に分けています。「智慧」は「事物の実相を照らし、惑いを断って、さとりを完成するはたらき。物事を正しくとらえ、真理を見きわめる認識力。物事を全体的に直感する能力。自己の本性を自覚することなど」とあり、「知恵」は「人からの恵みを知る(智慧ではない)」と紹介されていました。

違いが気になるときは、ひとつひとつ、意味を「チエっく」することも大切ですネ♪

十一月八日【信楽たぬきの日】

この日は、たぬきの焼き物が、いつも愛嬌ある顔で「八相縁起」をふりまきながら人々を見守っていることから、「いい八」の語呂合わせで制定された記念日です。

仏教に「信楽」と書いて「しんぎょう」という言葉がありますが、これは「信じねがうこと」や「信じ喜ぶこと」を意味します。

信楽のたぬきの焼き物には「八相縁起」が備わっているといいますが、これは、笑顔・笠・大きな目・大きなお腹・徳利・通い帳・金袋・太いしっぽの八種類の縁起物のことです。

また、仏教では「八相」というと、仏様の生涯における八つの重要な事がらである、下天・入胎・誕生・出家・降伏・成道・転法輪・涅槃を表す言葉ですから、是非、この機会に覚えてください♪

そういえば以前、信楽の陶芸体験でマイたぬきを制作したところ、後日、自宅へ焼き上がったたぬきが送られてきました。割れていないか心配でしたが、開封してみたところ、しっかりと梱包されていました。さすが、信楽のたぬきなだけに、「発送（八相）」はバッチリですネ☆

十一月九日【くじらの日】

毎月九日は「くじらの日」です。この日は他にも「一一九番の日」や「いい靴の日」、「アイシングクッキーの日」や「タピオカの日」などに制定されています。

白と黒の布を一幅おきに縦にはぎ合わせ、上下の縁に黒布を配した「鯨幕」。

一般的に凶事用とする通念が広まっていますが、東京都神社庁によると、鯨幕は神事も含め、どんな行事にも使用できる幕であり、そのため、古例の祭礼では、今日でも鯨幕が使用されているのだそうです。むしろ、凶事の色は鈍色（薄墨色）で、黒色は高位の色であることから、尊重されたといいます。

ところで、鯨といえば大阪には鯨料理文化がありますが、以前、後輩の落語家・S君と鯨料理店で落語会をすることになり、落語会のタイトルを考える必要がありました。すると、S君がいったのです。

「団姫姉さん！　僕、鯨料理の店で落語をするのにピッタリな名前を思い付きました！」

そのタイトルとは……？

「勢いのある落語」というイメージと、鯨をかけて「ホエ〜ル（吠え〜る）寄席」という名前になりました☆

十一月十日【トイレの日】

この日は他にも「断酒宣言の日」、「下半身痩せの日」、「ヒーターの日」、「無電柱化の日」、「かりんとうの日」など、沢山の記念日に制定されています。

静岡県袋井市にある曹洞宗寺院、秋葉総本殿・可睡斎――ここには、日本一の大東司があります。「東司」とは寺院におけるトイレのことをいいますが、可睡斎のトイレは、美しく磨かれた木の床に、たっぷりとした空間、そして、心落ち着く柔らかな照明で、思わず、トイレであることを忘れてしまいます。

そして、このトイレの中央におまつりされているのが、「トイレの神様」ならぬ、「トイレの仏様」として親しまれる、「烏枢沙摩明王」様です。烏枢沙摩明王様は、もともと、古代インドでアグニ神と呼ばれる炎の神様でしたが、不浄を転じて清浄ならしめる徳を有する仏様として、不浄なところ＝お手洗いにおまつりされるようになりました。お手洗いに仏様がいらっしゃると、より一層、綺麗に使おうという気持ちになりますネ！　それではここで、謎かけをひとつ。「トイレ」とかけて、「成績優秀者の大学受験」ととく、そのこころは、「推薦（水洗）」もあるでしょう♪

十一月十一日【おそろいの日】

一一と一一が並んでいるように見え、ひとつ欠けても成り立たないことが「おそろい」のコンセプトにふさわしいことから、株式会社フェリシモが制定した記念日です。

天台宗の宗歌は、伝教大師最澄上人によって詠まれた和歌【あきらけく　後《のち》の仏の　御世《みよ》までも　光伝えよ　法《のり》の灯《ともしび》】を美しい旋律にのせたものです。しかし実はこの旋律と、浄土宗の宗歌『月かげ』とは、同じ旋律、つまり「おそろい」なのです。

『月かげ』は、【月かげの　いたらぬ里は　なけれども　ながむる人の　心にぞすむ】という、浄土宗の宗祖・法然上人の詠まれた和歌ですが、一説によると、明治時代に西欧諸国での聖歌や讃美歌にならって讃仏歌や仏教唱歌が作られるようになり、その流れの中で、さまざまな宗祖の和歌に同じ旋律が付けられ作られたものだといわれています。

私は天台宗の僧侶ですが、浄土宗の『月かげ』も大好きな歌なので、浄土宗の催しに出席させていただくときは、いつも、大きな声で皆さんと一緒に歌わせていただきます。

やはり、仏教徒なだけに、「合唱（合掌）」が良いでしょう♪

十一月十二日【留学の日】

この日は、留学を通じて日本社会に貢献できる人材を多く輩出するため制定された記念日です。日付は、日本初の女性国費留学生五人がアメリカへ出発した日に由来します。

八六六年、天台宗の開祖・伝教大師最澄上人とともに、第三代天台座主・慈覚大師円仁上人が、清和天皇から日本初となる「大師号」を賜りました。

円仁上人は今から約一二〇〇年前、現在の栃木県で生まれ、十五歳のときに比叡山へ登り、最澄上人の弟子となりました。その後、四十二歳のときに遣唐使に選ばれ、翌年、唐に向けて出発しますが、幾度となく台風に見舞われ、唐に渡れたのは二年後のことでした。また、唐に渡ってからも苦難の日々が続きましたが、不思議なご縁に導かれ、現在の日本仏教に大きな影響を与えた、数多くの教えを日本に持ち帰りました。その約十年の記録をまとめた『入唐求法巡礼行記』は、世界三大旅行記のひとつに数えられています。

当時、海外へ渡ることは命がけだったのに、仏法興隆のために遣唐使となられた円仁上人。もし私だったら、遣唐使に任命されても、思わず「検討（遣唐）」してしまったでしょうね☆

十一月十三日【あいさつの日】

「いいあいさつ」の語呂合わせから制定された記念日です。この日は他にも「いい膝の日」に制定されています。

「挨拶」は、もともと仏教用語で、「挨」は「押す」、「拶」には「せまる」という意味がありました。また、禅の世界では「一挨一拶」という言葉がありますが、これは、師匠が弟子に、または修行僧同士が言葉や動作でその悟りの深浅を試すことをいいます。

そしてこれは、仏教界だけではありません。私は落語家の修業中、師匠から、感謝も謝罪も、相手に気を遣わせない「ほどよい挨拶の仕方」を身につけることが、芸人として大切だと教えられました。

ちなみに、私は息子を出産する際、いくつかの落語会の代演を後輩の落語家にお願いしなければなりませんでしたが、そこで師匠に「こういう場合は、後輩たちにどう御礼をしたら良いのでしょうか?」と尋ねたところ、師匠がいったのです。

「後輩たちは、『おめでたいことですから、気にしないでください』というてくれてるんやろ?それやったら、産休なだけに、ひとこと『サンキュー』と挨拶すればエエんや」☆

十一月十四日【パチンコの日】

一九六六年のこの日、全国遊技業協同組合連合会（現・全日本遊技事業協同組合連合会）が、当時の通商産業省から正式に認可を受けたことから、一九七九年に制定されました。

小さい頃、父がパチンコ店へ出かけることがありました。それは姉の塾の送迎の間と決まっていましたが、大人になってから、それは父なりの「タイムリミットを設けて遊ぶための工夫」だったことが分かりました。

ところで、パチンコ店のことを「遊技場」といいます。「遊技」とは、パチンコのほか、ビリヤードやボウリングなどを表す言葉です。また、「遊技」とよく似た言葉に「遊戯」がありますが、こちらは「遊び戯れること」を意味する言葉です。子どもの「おゆうぎ」なども、この漢字ですね。

そして実は、仏教では「遊戯」は「ゆげ」と読み、これは、「菩薩の自由自在な活動」「仏国土から仏国土への移動」「仏の境地に徹して、それを喜び楽しむこと」などを表す言葉でした。「ゆうぎ」といっても意味は様々ですが、自分の人生、是非、「ユウイギ」な時間を送りたいものですネ♪

十一月十五日【七五三】

七五三の日付の由来は諸説ありますが、江戸時代、五代将軍・徳川綱吉が、長男・徳松の祝いを十一月十五日に行ったことが起源だといわれています。

子どもの成長と健康を祈る七五三。女児は三歳と七歳、男児は三歳と五歳に神社に参詣しますが、三歳の男女児は「髪置き」、五歳の男児は「袴着」、七歳の女児は「帯解き（紐解き）」と呼び、お祝いをします。

また、七五三では記念写真の際、子どもの「ご機嫌」が心配だという親も少なくありませんが、「機嫌」はもともと仏教用語で「そしる」に「きらう」と書いて「譏嫌」といいました。仏教では「譏嫌戒」という戒めもありますが、これは、行為自体は悪ではなくても、人が不愉快に思うことはやめましょう、といった意味の戒律です。これが次第に、気分や心持ちといった意味でつかわれるようになったのですね。

ちなみに我が家でも、七五三のときは子どもの機嫌をとりつつ記念写真を撮りましたが、このときの写真は「記念写真」とは呼んでいません。子の成長を祈る写真ですから、「記念」ならぬ「祈念」写真と呼んでいます♪

十一月十六日【自然薯の日】

日付の「一一一六」を「いいいも」と語呂合わせできることに加え、自然薯の最盛期であることから制定された記念日です。栄養価が高い自然薯は、まさに自然の恵みですね！

自然薯は、自然に生える「自然生《じねんじょう》」から転じた呼び名だといわれています。なぜ「しぜん」ではなく、「じねん」と読むのかというと、もともと「自然」は「じねん」と読まれていましたが、一説には、明治時代後半、英語のネイチャーや、フランス語のナチュールを日本語に訳した際、「しぜん」と読まれるようになったといいます。そのため現在では、「自然薯」以外で「じねん」と読む言葉をあまり見かけませんが、仏教では本来の「じねん」と読み、「みずから」「ひとりでに」「おのずからしかなり」という意味で、人間の内側にあるものを表す言葉として大切にしています。私は昔から自然薯が大好きですが、先日、夫が自然薯づくしの晩御飯を作ってくれました。そこで思わず「なにこの晩御飯！　夢の国みたい！」というと、夫がいったのです。「いいえ、自然薯づくしの世界は、『夢の国』ではありません。自然薯なだけに、ここは『ネバー』ランドです」☆

十一月十七日【家族の日】

この日は他にも「れんこんの日」に制定されています。れんこんは沢山の穴があいていることから「将来の見通しが良くなる」縁起物とされています。

キリスト教会へ行くと、信徒さん同士が「○○姉妹！」とか、「○○兄弟！」と呼び合う姿を目にします。これは、クリスチャンは血縁ではなく、神様の導きによって「神様の家族とされた者」と考えることに由来する風習だそうです。

また、文書などでは「○○姉」「○○兄」と記しますが、これはあくまでも敬称であるため、相手の年齢に関わらず「姉」「兄」を用いるのだといいます。

ちなみに、私は夫と息子と暮らす三人家族ですが、日々の生活の中で、家族に助けられることばかりです。特に、私は小さなことを気にやむタイプなので、いつも心配がつきないのですが、そのようなときに、おおらかな夫や息子が「気にしなくて大丈夫だと思うよ」と優しく励ましてくれるので、「まあ、いいか」と思うことができ、気持ちが楽になるのです。だから私は自分の家族のことを、愛を込めて「ま～一家」と呼んでいます☆

十一月十八日【いい家の日】

「自分にとって本当にいい家とは何か」を考えてもらうきっかけを作り、住宅について関心を持ってもらうことを目的とする記念日です。

戸などの建てつけが悪く、きしむさまを「ガタピシ」といいます。これはもともと仏教用語で、自分と他者を区別する「我他彼此」という言葉でした。つまり、自分は自分、人は人、と分けてしまうことによって、自分と他者とが対立し、諍いが絶えないことをいうのです。家も人間関係も、どちらもガタピシといわない居心地の良い場所にしたいものですね。

また、僧侶になることを「家」を「出る」と書いて「出家」といいますが、インドにおける「出家」の語源には、「積極的に前に進むこと」という意味があったそうです。

ちなみに先日、友人から「出家した」というメールが届きました。友人は、もともとお寺参りが好きだったため、ついにこの日が！　と思い「なに宗で⁉」と返信すると、すぐに「意味不明」というメールが来ました。そこで、おかしいなと思いメールを見直してみると……？　これは失礼！「出家」ではなく「家出」の間違いでした☆

十一月十九日【一茶忌】

この日は他にも「いい育児の日」をはじめ、「農協記念日」や「いい息の日」、「いい塾の日」に制定されています。

生涯で二万句以上を詠んだとされる江戸時代の俳人・小林一茶。平易な表現でユーモアのある句を詠んだ一方、自身が生きた厳しい境遇を詠んだことでも知られています。

例えば、幼くして母親を亡くした一茶は、【ととさんや　あののさんが　かかさんか】と詠んでいます。「ののさん」とは、仏様を敬う幼児語ですが、仏様のお姿に亡き母を想った幼き一茶の心情がうかがえます。また、『おらが春』の最後では【ともかくも　あなた任せの　としの暮】と詠んでいますが、これは、幼き我が子を亡くしたときの句で、ここでいう「あなた」とは、阿弥陀如来様のことです。自らを、そして大切な人達を阿弥陀様にお任せしてきた念仏者・小林一茶は、一八二八年十一月十九日、往生を遂げました。でも、私はこの日付を見るたびに、いつも鳥肌が立つのです。なぜなら、この日はまるで、一茶の生涯を讃えるかのように「いい一句」という語呂合わせができますからネ☆

十一月二十日【世界子どもの日】

一九八九年のこの日、世界のすべての子どもが生まれながらに持つ権利（子どもの人権）を定めた「子どもの権利条約（児童の権利に関する条約）」が国連総会で採択されました。

「宗教二世問題」――これは、伝統宗教に身を置きながら子育てをする私も、他人事ではありません。なぜなら二世問題は、伝統教団であるか否かや、教義の正しさに関わらず、信仰を子どもに強制することに問題があるからです。そこで私たち夫婦は、息子が生まれる前から、将来どのような信仰を持ってくれても良いと考えてきました。また、「信教の自由」とは、「特定の宗教を信じる自由」であるとともに、「宗教を信じない自由」でもあります。正直、親としては息子に将来、何かしらの信仰を持って欲しいという気持ちはありますが、もし、息子が将来「何も信じない」という選択をしたとしても、それはそれで、家族として受け入れる覚悟をしています。

ちなみに息子曰く、周囲の大人から「お母さんが仏教徒で、お父さんがキリスト教徒なら、君はなに教徒になるの？」と質問されることがあるそうですが、そのようなときは、「トウキョウト！」と答えているそうです☆

十一月二十一日【インターネット記念日】

一九六九年のこの日、インターネットの元型であるＡＲＰＡネットの公開実験が開始されたことにちなみ制定された記念日です。

近年、感染症対策や外出困難な高齢者のために、インターネット参拝を設ける宗教施設が増えてきました。このような近代的な取り組みを、「遥拝」として、前向きにとらえる宗教関係者も少なくありません。

「遥拝」とは、はるか遠く離れたところから神仏を拝むことをいいますが、たとえば、家の中から神社やお寺の方向を向いて静かに祈りを捧げるのも遥拝です。また、比叡山延暦寺には「万拝堂」というお堂がありますが、ここは、世界中の神仏をお迎えして、人類の平和を祈願する「遥拝所」です。

日本では古来、「代参」といって、村の中でお金を出し合い、代表者が参拝するという参拝方法がありましたが、人や媒体を介して参拝するということに対しても、宗教は寛容なのかもしれませんね。それではここで、謎かけをひとつ。「インターネット」とかけて、「火の用心」ととく、そのこころは、「ハッカー（発火）」に気をつけましょう☆

十一月二十二日【大工さんの日】

この日は他にも、「いい夫婦の日」や「回転寿司記念日」、「ボタンの日」などに制定されています。

聖徳太子といえば、なにを思い浮かべますか？　「日本仏教の祖」、「冠位十二階」、「十七条憲法」、「厩戸皇子」など……さまざまなイメージがありますが、実は聖徳太子は「大工の神様」とも呼ばれています。

その理由は、世界最古の木造建築である法隆寺を建立したことや、「指矩（差し金）」と呼ばれるL字型の定規のような大工道具を中国から日本に取り入れ、職人たちに広めたこと、さらに、「曲《かね》尺《じゃく》」の一尺の長さを統一したことなどが挙げられます。

十一月は国の技能尊重月間であり、二十二日は聖徳太子の命日にあたることから、この日が「大工さんの日」に制定されました。

ちなみに、私の知り合いの大工さんは、建物が完成すると、ベートーヴェンの「歓喜の歌」を歌ってお祝いをするのだそうです。そのこころは……？

大工さんなだけに、交響曲第九番（歓喜の歌）＝「第九（大工）」でお祝いするのですね☆

十一月二十三日【珍味の日】

NHK朝ドラのタイトルにもなった古典落語の『ちりとてちん』は、腐った豆腐を長崎名産の珍味と偽り、知ったかぶりのご近所さんに食べさせるというお噺です。

毎年十一月二十三日は、宮中をはじめ、日本全国の神社で「新嘗祭」が行われます。この神事では、新米のご飯やお餅をはじめ、さまざまな神饌（山海の珍味）がお供えされますが、この日は「一一」と「二三」で「いいつまみ」という語呂合わせができることに加え、戦後は、「勤労感謝の日」にもなったことから、命の糧である食べ物の恵みに感謝し、消費者にも感謝する日として、「珍味の日」に制定されました。

ちなみに、NHK朝ドラ『ちりとてちん』の舞台となった福井県の若狭地方には、古くから伝わる「へしこ」という珍味があります。これは、鯖に塩をふってぬか漬けにしたものですが、健康食品としても注目されており、鯖に含まれるペプチドによる免疫力アップ、糖尿病の症状改善、血圧抑制、血液サラサラ効果など、生活習慣病予防が期待されています。やはり、若狭地方の珍味なだけに「若さ」の秘訣が詰まっているのですネ☆

十一月二十四日【アースナイトデー】

沖縄県の竹富町にある西表石垣国立公園が、国内初の星空保護区の認定を受けたことから、夜空の環境、星空の大切さを考える日として制定された記念日です。

私が属する天台宗では、十六菊に三つの星をあしらった「三諦星」を宗紋としています。なぜ星が入っているのかというと、「天台」とは「天に輝く星」という意味を持つからです。なんだかロマンチックな名前ですね♪

古来、星空は多くの旅人の道しるべとなり、希望の光を放ってきました。また、世界中のさまざまな宗教が星と深い関わりを持ってきましたが、なかでも、私にとって「星」といえば、関西で「能勢の妙見さん」と親しまれる、日蓮宗の霊場・能勢妙見山です。こちらには「北極星の神様」といわれる妙見大菩薩様が祀られていますが、妙見大菩薩様は、星の配置を支配し、人々の運気を好転させてくださることから、開運の神様として信仰されてきました。また、妙見さんは芸能上達の御利益をいただける仏様でもあるため、多くの芸能関係者が日々お参りに訪れています。やはり、星の配置を司る仏様なだけに、お参りすれば「スター」になること間違いなしですネ☆

十一月二十五日【犯罪被害者週間】

毎年十一月二十五日〜十二月一日。犯罪被害者等が置かれている状況や、犯罪被害者等の名誉又は生活の平穏への配慮の重要性などについて国民の理解を深めることが目的です。

お寺のお悩み相談では、犯罪被害に遭われた方のお話を伺うことがあります。被害そのものの苦しみに加え、「事件のPTSDで以前のように働けず、生活が厳しい」、「友人に相談したら『いつまでいってるの』といわれる」、「宗教施設で被害を打ち明けたところ、相手を許すことばかり強要されて疲れた」……など、状況の無理解や配慮の無さによるご相談も少なくありません。

「慈悲」の「悲」には、もともと、「悲しい気持ちをともにする」といった意味がありますが、現代社会では、楽しいことを共有する人はいても、苦しみに寄り添い続けてくれる人はなかなかいません。だからこそ、苦しい思いを抱える人を見かけたら、まずは「大丈夫?」と声をかけてみてください。その言葉は「慈悲」そのもので、相手に大きな力を与えるでしょう。でも、大丈夫という言葉で本当に大丈夫かって……?

大丈夫だからこそ、私たちの信じる教えを「ダイジョウブッキョウ」というのです☆

十一月二十六日【いいチームの日】

組織の発展に欠かせないチームワークの認知度向上と促進を目的として制定された記念日です。この日は他にも「いいフォローの日」や「いい風呂の日」に定められています。

仏教には「自利利他」という教えがあります。これは「自ら利益を得、他人をも利益すること」、また「自らは悟りを求め、人びとに対しては救済し、利益を与える行為」、「菩薩の実践」のことをいいます。ここでの「利益」とは「りやく」のことで、「ためになること」という意味です。大乗仏教のコンセプトは「みんなで幸せになる」ということですから、「自利利他」の精神を実践することは、人類というワンチームが、みんなで幸せになるための大きな要となりますね。

また、ビジネスの世界では、双方に利益があることを「Ｗｉｎ－Ｗｉｎ」と表現するそうですが、これも素敵な言葉だと思います。

ちなみに先日、テレビ番組で、お菓子メーカーの商品開発チームが力を合わせて新商品を開発するという特集を見ました。その結果は……？　やはり、お菓子メーカーなだけに、チームの力が大きな「成果（製菓）」に繋がっていましたヨ☆

十一月二十七日【ノーベル賞制定記念日】

一八九五年のこの日、アルフレッド・ノーベル博士が、遺言書にノーベル賞制定の意思を示しました。そして、一九〇一年のこの日、第一回授賞式が行われたことに由来します。

自らが得た富を人類に貢献した人に与えたいと考え、ノーベル賞を制定したアルフレッド・ノーベル博士。そのきっかけは、博士が開発した「ダイナマイト」にあったといわれています。というのも、ダイナマイトは当初、工事現場などの掘削に使用されていましたが、次第に、大量虐殺や戦争の兵器として使われるようになりました。そこで博士は、懺悔の気持ちからノーベル賞の創設を思い立ったのではないかといわれています。

仏教において、「懺悔」は「さんげ」と読み、「懺」は「ゆるしを請うこと」、「悔」は「くやむこと」をいいますが、日々のお勤めでは、多くの宗派で読経の前に「懺悔文」と呼ばれる偈文をお唱えします。己の煩悩の深さや罪を知り、懺悔することは、私たちが良い道を歩むために大切な行いなのです。

世界の平和のためにノーベル賞を創設したノーベル博士。その背景には、自らの「半生」に対する「反省」があったのですネ！

十一月二十八日【いい唾液の日】

乾燥する季節に口腔内の乾燥にも注意を向ければ、唾液ケアをより意識的にできることから制定された記念日です。唾液は口腔からの感染防止など様々な役割を果たしています。

『四十二章経』というお経があります。これはその名の通り、四十二章からなるお経で、出家者に向けて仏教の根本の教えや、日常的に実践すべきことを譬え話を交えながら分かりやすく説いたお経です。成立年代や、誰がどのようにしてまとめたのかなど、ハッキリしないお経ではありますが、中国の曹洞宗では、初学者のテキストのひとつとして重んじられてきました。

そして、このお経に由来するのが、「天に向かって唾を吐く」という諺です。これは、天に向かって吐いた唾は自分の顔に落ちてくることから、人に害を与えようとして、かえって自分が被害を受けるという意味です。他にも、唾に関しては「生唾を飲み込む」、「唾を付ける」、「眉唾もの」……など、多くの諺がありますね。それではここで、謎かけをひとつ。「いい唾」とかけて、「作家」ととく、そのこころは、どちらも、日々、「分泌（文筆）」するでしょう☆

十一月二十九日【いい文具の日】

この日は、多くの人に文具に興味を持ってもらうことを目的とする記念日です。また、文具をプレゼントし合う日にすることを目標としています。

「弘法筆を選ばず」という諺があります。これは、「文字を書くのが上手な人は筆の良し悪しを問わない」、「本当の名人は道具の良し悪しに関わらず立派な仕事をする」という意味ですが、なぜ「弘法」なのかというと、弘法大師・空海上人が書道の名人であったことに由来します。

しかし、ここだけの話、空海上人は「筆を選んでいた」といわれています。というのも、空海上人は嵯峨天皇に筆を献上する際、筆職人に自らが唐で学んだ筆についての知識を伝えていますが、そこには、筆の大小や長短などを、文字の筆勢に応じて取捨選択するべきと書かれていたそうです。

ちなみに、この諺が使われるようになったのは明治後期からで、それまでは「能書筆を選ばず」が一般的に使われていたそうです。

それではここで、謎かけをひとつ。

「文具」とかけて、「ウォーキングマシーン」ととく、そのこころは、どちらも「事務（ジム）」には欠かせません♪

十一月三十日【鏡の日】

「一一（いい）三〇（ミラー）」の語呂合わせができることから制定された記念日です。他にもこの日は「絵本の日」などに制定されています。

私がよく演じる落語に『松山鏡』という演目があります。これは、『百喩経』というお経の一節からできたといわれているお噺で、鏡を知らない村の男性が、鏡に映る自分を父親だと思い込んだり、また、鏡を見た男性の妻が、鏡に映る自分を、夫の浮気相手だと勘違いして夫婦喧嘩になったりしてしまうという物語です。

仏教では、仏様の智慧を、すべてのものをありのまま映し出す大きな鏡にたとえることがありますが、このお噺は、笑いの中にも自分自身を省みる心を教えてくれます。

それではここで、小咄をひとつ。

ある女性が美術館へ行き、知ったかぶりをして、係の人にいいました。「まあ、これはルノワールね」。「いいえ、それはゴッホでございます」。「あらそう？　それなら……これはモネね！」。「いいえ、そちらがルノワールでございます」。そこで、女性がいいました。「あら！　でも、これは分かるわよ？　これは、ピカソよね？」。「いいえ、そちらは鏡でございます」……！

十二月

十二月一日【鉄の記念日】

一八五七年のこの日、南部藩の藩士で鉱山学者の大島高任が、日本ではじめて洋式高炉による製鉄に成功したことに由来する記念日です。

仏教の世界観では、宇宙の中心に「須弥山」という聖なる山があると考えられています。須弥山の地の底は、風輪、水輪、金輪と呼ばれる層で出来ていますが、金輪と水輪の境目の部分を「金輪際」といいます。この言葉が転じて、いかなることがあっても、という意味として「金輪際」が使われるようになりました。また、この山の上には天界のてっぺんである「有頂天」がありますが、ここから、喜びで夢中になることを「有頂天になる」というようになったといいます。

ちなみに、この世界観では、須弥山を中心として、円筒状に九つの山と八つの海が取り巻いていますが、その最も外側を囲んでいるのが、「鉄囲山」と呼ばれる鉄の山なのです。やはり、鉄は仏教の世界でも強固なものとされているのですね！

それではここで、謎かけをひとつ。「鉄」とかけて、「カラオケのポイント」ととく、そのこころは、どちらも「サビ（錆）」に気を付けましょう♪

十二月二日【古都奈良の文化財が世界遺産に登録された日】

この日は他にも、フランスの小児科医、アンリ・ティシェ氏がビフィズス菌の発見を発表した日（一八九九年）であることから、「ビフィズス菌の日」に制定されています。

一九九八年のこの日、古都奈良の文化財である「平城宮跡」、「東大寺」、「春日大社」、「春日山原始林」、「興福寺」、「元興寺」、「薬師寺」、「唐招提寺」が世界遺産に登録されました。どの場所も修学旅行でお馴染みですが、特に薬師寺と聞くと、金堂復興のため、一九六八年から高田好胤和上の呼びかけによって行われた「お写経勧進」を思い浮かべる人も多いでしょう。私のご近所さんにも、お写経勧進に参加したという人がいますが、先日、そのご近所さんがいいました。

「私、薬師寺さんがきっかけでお写経に出会えたので、いつかお礼参りをしたいと思ってるんです。でも、最近はなかなか遠出ができなくて……だからせめて、お礼のお手紙を書こうと思ってるんですが、どうでしょう？」

私はこの案に大賛成でした。だって、薬師寺は西国薬師四十九霊場の第一番札所です。「霊場」なだけに、きっと、感謝の「礼状」も受け取ってくださるでしょう☆

十二月三日【奇術の日】

手品やマジックでは、「ワン（一）ツー（二）スリー（三）」と掛け声をかけることから制定された記念日です。他にもこの日は、岩手の伝統食「ひっつみの日」とされています。


寄席の色物としても大人気のマジック。その語源は、香木を火に捧げる祭儀などを司る、古代ペルシャの祭司階級「マゴス」から派生したギリシャ語「マゲイア」であるといわれています。

世界最古の奇術は古代エジプトの洞窟の壁画にみられますが、日本の奇術は、奈良時代、仏教とともに唐から伝来した軽業や曲芸、物まねや踊りなどの「散楽」が起源とされ、室町時代になると、僧形で手品や曲芸を演じる「放下僧」と呼ばれる芸能者が、寺社の境内や街の辻で勧進興行を行いました。

ところが、宗教文化とともに伝わったはずの芸が、室町時代以降になると、キリシタンの妖術と非難されるようになり、一時は禁止されたといいます。摩訶不思議な芸だからこそ、宗教的なものに結びつけられたのかもしれません。でも、このような歴史をどうやって知ったのかって？「奇術」なだけに、さまざまな書物に、「記述」がありました☆

十二月四日【銀行の国際デー】

この日は他にも「血清療法の日」に制定されています。一八九〇年十二月四日、北里柴三郎とエミール・ベーリングが破傷風とジフテリアの血清療法の発見を発表しました。

小さい頃、母方の実家へ行くと、いつも、祖母・利子がこっそりお小遣いをくれました。その祖母が亡くなってからしばらくすると、不思議なことが起こったのです。なんと、銀行で記帳をすると、通帳に故人となった祖母からお小遣いの振込があったのでした。その怪奇現象に震えながら、念のため、もう一度通帳を確認してみると……？　通帳に記されていたのは「トシコ」ではなく「利子」でした！

ところで、私たちにとって当たり前の「利子」ですが、実は、イスラームの教義に基づき運営されている「イスラム銀行」では、『コーラン』において利子が禁止されているため、基本的に無利子の金融機関として運営されています。また、キリスト教、ユダヤ教にも、『聖書』に基づいた利子についての宗教的な考え方があります。それではここで、謎かけをひとつ。「銀行」とかけて、「落語家」ととく、そのこころは、どちらも「口座（高座）」を大切にするでしょう☆

十二月五日【ノー・レジ袋の日】

この日は他にも、世界中で持続可能な土壌管理をするために制定された「世界土壌デー」でもあります。

毎月五日は「ノー・レジ袋の日」です。近年では、レジ袋の有料化に伴い、エコバッグを持参する人が増えましたが、私のおススメは「風呂敷」です。「風呂敷」は、古くは僧侶の袈裟や楽器などを包むために使われていたことから、「けさづつみ」「ころもづつみ」などと呼ばれました。私も、日頃、着物や法衣を風呂敷に包んで持ち運んでいます。

ところで、なぜ「風呂」敷と呼ばれるのかというと、その語源は諸説ありますが、一説には、奈良時代、奈良の法華寺にあった蒸し風呂で、スノコに敷いていた莚に由来するといわれています。風呂敷はコツをつかめば自由自在に物を包むことができるので、皆さんも、是非、エコバッグとともに風呂敷を活用してみてください♪　それではここで、謎かけをひとつ。

「ちょうど良い大きさのエコバッグ」とかけて、「仕事ができる人」ととく、そのこころは、どちらも、「容量（要領）」が良いでしょう☆

十二月六日【音の日】

一八七七年のこの日、トーマス・エジソンが蓄音機「フォノグラフ」を発明したことに由来する記念日です。他にもこの日は「姉の日」に制定されています。

精進料理をいただくときは、音を立てないようにします。そのため、お箸の上げ下げやお椀を置く音、咀嚼音にも細心の注意を払います。その理由は諸説ありますが、一説には、「食事をする音」は、食事を満足に摂れない、飢えた人をさらに苦しめるものになりかねないため、その気遣いとして、静かに食事をいただくようになったといわれています。このような作法ができたのは昔のことですが、現代社会でも、貧困は見えにくいだけで、お腹を空かせた人たちが沢山います。食事を摂ることは、感謝とともに、他者への配慮も忘れてはならないのですね。

ちなみに音といえば、私たち露の一門は怪談噺を得意とする一門ですが、師匠からは、自宅で怪談噺の稽古をする際は、ご近所さんに配慮して、声の大きさには気をつけるよう指導されています。そのこころは……？

怪談噺なだけに、「怨霊（音量）」には気をつけよ、とのことでした☆

十二月七日【神戸港開港記念日】

一八六七年のこの日、神戸港が外国船の停泊地として開港しました。この日は他にも紙芝居文化に関する「世界KAMISHIBAIの日」に制定されています。

奈良時代、瀬戸内航路の主要な港である河尻泊（尼崎市）、大輪田泊（神戸市）、魚住泊（明石市）、韓泊（姫路市）、室生泊（たつの市）の五つの港が整備されたことにはじまった神戸港。「摂播五泊」というこれらの港を開いたのが、全国各地で土木作業を展開した行基菩薩でした。平安時代になると平清盛が大輪田泊を整備し、鎌倉時代には、東大寺の僧侶・重源による改修を経て「兵庫津」と呼ばれるようになりましたが、その背景には、平家によって焼かれた東大寺の再興がありました。東大寺は再興のために山口から木材を運びましたが、そのために、大輪田泊を活用する必要があったのです。

二〇一七年、神戸港は開港百五十周年を迎えましたが、その記念事業の統一スローガンとして据えられたのは、沢山の願いが込められた「みんなみなとＫＯＢＥ」でした。やはり、「兵庫」県の港なだけに、「標語」にも力を入れたのですネ♪

十二月八日【成道会】

「成道会」とは、お釈迦様が悟りを開かれた十二月八日に営まれる法要です。二十九歳で出家したお釈迦様は、三十五歳のとき、ブッダガヤーの地で悟りを開かれました。

お釈迦様のことを「ブッダ」といいます。これは「悟りを開いた人」という意味です。悟りを開かれた当初、お釈迦様は、自身が得た悟りは難解なものであったため、この教えを人々に説くべきかどうかと悩みました。しかし、そこへ「梵天」と呼ばれる仏法の守護神が現れ、お釈迦様に対し、すべての衆生のために法を説くよう説得したのです。その結果、お釈迦様は生きとし生けるもののために布教されることを決心されたのでした。今日、私が仏教徒として生かされているのは、梵天さんの説得と、お釈迦様の決心のおかげに他なりません。

「仏教」とは、「仏の教え」、そして「仏に成る教え」という意味があります。お釈迦様は、どんな人もいつか悟りを開ける、つまり、仏に成ることができると説かれています。そのために、私たちは日々精進するのです。この日は「有機農業の日」でもありますが、私たちが悟りへの一歩を踏み出すにも、「勇気」が肝心なのですネ☆

十二月九日【国際腐敗防止デー】

二〇〇三年のこの日、メキシコのメリダにおいて、公務員などによる汚職や腐敗行為から生じる経済犯罪を防止するため、「国連腐敗防止条約」が調印されました。

「九相図」（九想図）という仏教絵画があります。これは、野外に打ち捨てられた死体が朽ちていく過程を九つの段階に分けて描いたものです。その段階を見てみましょう。

一、腐敗によるガスの発生で死体が膨張する　二、風に吹かれ日にさらされた死体の色が変わっていく　三、次第に死体が破壊されていく　四、破壊された死体から血肉が地に落ちる　五、腐敗によって死体が溶解する　六、死体が鳥獣に食べられる　七、鳥獣に食べられた死体が散乱する　八、骨だけが残る　九、残った骨は焼かれ灰だけになる　……なんともおどろおどろしい描写ですが、これは、修行の妨げとなる煩悩を払い、肉体を不浄なもの、無常なものと知るための教えなのです。

ちなみに私の知り合いのスポーツ選手は、今でこそ負けなしですが、昔は試合で負けると「腐る」タイプだったそうです。そこで気持ちを切り替えるトレーニングを重ねたところ、「腐敗」ならぬ「不敗」になったそうですよ☆

十二月十日【こんぴらさんのご縁日】

この日は、十二月に流れるクリスマスソングの「ジングルベル」の「ベル」に、十日の「ト」を組み合わせて「ベルトの日」に制定されています。

毎月十日は「こんぴらさん」のご縁日です。「金毘羅」とは、もともとサンスクリット語の「クンビーラ」の音写で、ガンジス河に住む神秘的なワニのことをいいました。仏教においては、般若波羅蜜多菩薩を守護する十六善神のひとつ、また、薬師十二神将のひとつとされています。のちに、讃岐（香川県）の琴平にある金刀比羅宮の祭神となり、「金毘羅大権現」と称しましたが、明治維新のときに分離して神社となりました。水難除の神様として古くから全国的に信仰されています。

ちなみに、金刀比羅宮を題材にした民謡に『金毘羅船々』という民謡がありますが、私の一門の露の新治師匠は、この民謡を出囃子としています。宗教が大好きな私にとっては『金毘羅船々』を出囃子にされている師匠が「シンジ（神事）」師匠というだけでもワクワクしてしまいますが、それだけではありません！　なんと、新治師匠のお弟子さんの名前は、「新幸（信仰）」さんというのですヨ☆

十二月十一日【百円玉記念日】

この日は他にも「胃腸の日」、「国際山岳デー」、「ユニセフ創設記念日」などに制定されています。また、臨済宗の僧侶・沢庵和尚の忌日でもあります。

一九五七年のこの日、日本初の百円硬貨が発行されました。当初の図柄は、表面に鳳凰、裏面に旭日と桜花が描かれていましたが、その後、一九五九年に鳳凰から稲穂に変更され、さらに、一九六七年、桜の花三輪へと変更されたため、百円玉の最初のデザインが鳳凰であったことはあまり知られていません。私もはじめてこの豆知識を知ったとき、思わず「ほーおー!」と声をあげました。

お寺でもおなじみの鳳凰とは、中国の神話に出てくる伝説の霊鳥で、鳳は雄、凰は雌とされています。その体は、前は麟、後ろは鹿、頸は蛇、尾は魚、背は亀、顎は燕、嘴は鶏に似ており、羽は五色、梧桐に宿り、竹の実を食べ、醴泉の水を飲むと伝えられ、聖徳の天子の兆しとして世に現れるといいます。

ちなみに、鳳凰デザインの百円玉は、コイン収集家の間では、百円よりも高く取引されているそうです。さすが、日本初の百円「硬貨」なだけに、値段も「高価」なのですネ♪

十二月十二日【杖の日】

この日は他にも、「漢字の日」に制定されています。全国から募集した今年を表現する「今年の漢字」はこの日に発表され、京都・清水寺貫主の揮毫でその字を清水寺に奉納します。

「坐禅のとき居眠りをすると、罰としてお坊さんから棒でシバかれるんですよね⁉」――先日、坐禅体験に来られた方からの一言に思わずズッコケました。なぜなら、「警策」と呼ばれるあの棒は、「警覚策励」するためのものであり、決して、罰を与えるためのものではないからです。天台宗では警策ではなく「禅杖」と呼びますが、その漢字からも、坐禅を助ける役割を持つ棒であることが分かります。坐禅中、警策や禅杖で肩や背中を打ってもらうと血行が促進され、頭も体もシャキっとするため、再び禅に向き合うことができるのです。

「杖の日」は、「杖を持ってイッチニ（一二）イッチニ（一二）」という語呂合わせから制定された記念日ですが、家に引きこもりがちな高齢者や障がい者の方々が、生きがいを持ち、杖を使って安全に外出して欲しいという願いが込められています。

「杖」によって、「ステッキ」ーな日々を☆

十二月十三日【双子の日】

一八七四年のこの日、「双子の場合は、先に産まれた方を兄・姉とする」という太政官布告が出されました。また、この日は芸事の「事始め」の日でもあります。

『聖書』の中には、イエスの十二使徒のひとりに「ディディモと呼ばれるトマス」という人が登場します。

「ディディモ」とは、もともと「双子」という意味をもつ言葉であったため、トマスは双子であったと考えられています。

ちなみに、私の大師匠・二代目露の五郎兵衛師匠は敬虔なクリスチャンでしたが、大師匠には双子の娘さんがいらっしゃいます。

お姉さんは、女優と落語家の二刀流で、師匠から福音落語も受け継ぐ露のききょう師匠、妹さんは、おしゃべり賛美家として伝道活動をされている菅原早樹先生ですが、私は、早樹先生のことを、やはり、落語家の娘さんだなと感じることがあります。

なぜなら、ステージや講演の自己紹介でご自身が双子であることをお話されるとき、あまりにも見事なオチをつけられるのです。

「私は双子の妹のほうですが、『後』に産まれたのに、名前は『早樹（先）』なんです」☆

十二月十四日【討ち入りの日】

この日は他にも「南極の日」に制定されています。一九一一年十二月十四日、ノルウェーの探検家・アムンゼンと四人の隊員が人類ではじめて南極点に到達しました。

落語の演目には、歌舞伎『仮名手本忠臣蔵』の各段にちなんだ芝居噺が数多くあります。その題材となったのが、一七〇二年のこの日、四十七人の赤穂浪士が江戸・本所松坂町にある吉良邸に討ち入りし、主君である浅野内匠頭の仇討ちを成し遂げた事件です。

この日を偲んで、全国各地の寺社で義士供養の「義士祭」が行われますが、なかでも、私が一度訪れてみたいのが、「赤穂大石神社」の義士祭です。ここは、播州赤穂城内、大石内蔵助の邸宅跡に建てられた神社で、大石内蔵助をはじめ、四十七義士がお祀りされています。

また、この日、赤穂市では「赤穂義士祭」が行われますが、祭りでは、元禄絵巻さながらの様々な「忠臣蔵パレード」が繰り広げられ、忠臣蔵ゆかりの地と近隣市町による「忠臣蔵交流物産市」も開催されます。そのため、多くの人で賑わうそうですが、やはり、「義士」なだけに、人も「ギッシリ」訪れるのですね☆

十二月十五日【いちごの日】

一九二五年のこの日、「東京乗合自動車」により日本初の定期観光バスである「ユーランバス」の運行が開始されたことから、「観光バス記念日」に制定されています。

毎月十五日は「いちごの日」です。私はいちごが大好きですが、「一期一会」という言葉も大切にしています。

「一期一会」は一般的にもよく使われますが、『広説佛教語大辞典』によると、「一期」は「一生涯のこと」、「修行のための一時期のこと」を表す言葉で、「一会」とは、「一つの宗教的なつどい」、「ひとたびあうこと」などの意味を持ちます。

このように、「一期」と「一会」はともに仏教用語ですが、「一期一会」となったのは、茶道の世界で、主と客が会うのは、一生に一度のつもりで心を入れよ、という教えに基づくといいます。ここから、「一生に一度会うこと」、また、「一生に一度限りであること」を表す言葉となりました。

それではここで、本来の記念日である「いちご」で謎かけをひとつ。

「いちご」とかけて、「地球温暖化による北極への影響」ととく、そのこころは、どちらも「糖度（凍土）」が気になります！

十二月十六日【フリーランスの日】

この記念日は、次世代のワークスタイルであるフリーランスの人に個々の力を高めてもらうことを目的として制定されました。

近年、芸能事務所に所属せず、フリーランスで活動するタレントさんが増えました。その背景には、ＳＮＳの発展により、事務所に所属しなくても、自身を世間にアピールできるようになったこと、また、クライアントからタレントへの連絡手段が多様になったことが考えられます。

ところで「タレント」とは、『聖書』にでてくる「タラント」という言葉に由来するといわれています。「タラント」とは、もともと重さの単位を表す言葉で、次第に、お金の単位を表すものとなりました。そこから、『聖書』では「賜物」や「才能」といった意味を持つ言葉となり、日本では芸能人に対して使われる言葉になったといいます。

ちなみに私の知り合いのタレントさんは、美容のために毎日さまざまなフルーツを食べていますが、特に完熟のフルーツをよく食べるそうです。そのこころは……？　「タレントとして『売れ（熟れ）』ますように！」というゲン担ぎなんですって☆

十二月十七日【飛行機の日】

一九〇三年のこの日、アメリカ・ノースカロライナ州のキティホークでライト兄弟が動力飛行機の初飛行に成功しました。

仏教では、空中を自由自在に飛んでかけめぐることを「飛行《ひぎょう》」といいます。これは、神通力のひとつとされるものですが、神通力とは、仏様や菩薩様に具わる超人的な力のことです。ここでは「六神通」と呼ばれる、六種類の能力を見てみましょう。

「神足通」…自由に欲するところに現れる能力　「天眼通」…自他の未来のあり方を知る能力　「天耳通」…普通人の聞きえない音を聞く能力　「他心通」…他人の考えを知る能力　「宿命通」…自他の過去世のあり方を知る能力　「漏尽通」…煩悩を取り去る能力

これらの能力の中で、飛行は神足通のひとつと考えられています。お経では、神通力によって救われる人々が登場する一方、自らの神通力を乱用する仏弟子を、お釈迦様が戒められる様子も描かれています。それではここで、謎かけをひとつ。「飛行機」とかけて、「ミネラルウォーター」ととく、そのこころは、どちらも、「高度（硬度）」が気になります☆

十二月十八日【二輪・自転車安全日】

毎月十八日は「二輪・自転車安全日」です。戦国時代の連歌師・宗長によって詠まれた句に由来する教訓「急がば回れ」を広めたのは、江戸時代の僧侶・安楽庵策伝上人でした。

以前、夫と二人乗りのタンデム自転車で琵琶湖を一周しました。この自転車に安全に乗るコツは、ハンドル操作は前に乗る人に任せ、後ろの人はハンドルに力を入れないことです。しかし、実際に乗ってみると、後ろに乗る私はついハンドルを動かそうとしてしまいました。そこでこれは「力を抜く」という体の問題ではなく、相手を信頼して「任せる」という心の課題であることが分かりました。そしてやっと力を抜くと、自転車はスーッと走り出したのです。

このとき私は、「南無」という言葉を思い浮かべました。南無とは、仏様に「帰依する」、「お任せする」、「たのむ」ことをいいますが、これは決して「丸投げの依存」ではなく、仏様を信じて歩むことです。そう考えると、勇気をだして任せ、かつ、自分の足で自転車を漕いで前へ進むことは、信仰と一緒だと感じました。私はこの日の夫との思い出を、川中美幸さんの名曲にあやかり、「二人は二輪走」と呼んでいます♡

十二月十九日【まつ育の日】

毎日のまつ毛ケア「まつ育」をすることで、多くの女性のまつ毛を美しく輝かせることを目的とする記念日です。日付は「まつ（一二）いく（一九）」の語呂合わせから。

仏様は、三十二種類の相好（よきすがた）、「三十二相」を具えておられるといいますが、その三十番目に挙げられる特徴が、「まつ毛」です。これはどのようなまつ毛なのかというと、「牛眼睫相」といって、牛のように長く美しく生え揃ったまつ毛のことです。

また、「目は毫毛を見るも睫を見ず」という諺がありますが、これは、目は毫毛（細かい毛）さえも見ることができるのに、自分のまつ毛は見ることができないことから、他人の欠点は細かい点まで気がつくが、自分の短所についてはなかなか分からない、という意味です。

日々、「まつ育」をしながら、自分の短所にも向き合える心を育てたいものですね！

ちなみに、私にとっては「育てる」といえば「子育て」ですが、私は性格的についつい先回りしてしまうため、まずは、子どもが自分でできるまで根気強く「待つ」ことを大切に、「待つ育」を心掛けています♪

十二月二十日【ブリの日】

大晦日の年取りに、吉例として用いられる「年取り魚」のブリ。師走の魚であることに加え、「二〇」を「ブリ」と語呂合わせできることから、この記念日が制定されました。

ブリは、成長するにしたがって、ツバス→ハマチ→メジロ→ブリと名前が変わることから「出世魚」と呼ばれます。他にも、ボラやスズキ、サワラ、クロダイ、コハダなどが出世魚として有名です。現代では、「出世」といえば、立派な地位・身分となること、特に、会社での昇進などに使われる言葉ですが、これはもともと仏教用語でした。

その本来の意味はというと、「仏が衆生を救済するためこの世に出現すること」、「世俗を捨てて仏道に入ること。出家、僧侶」、「比叡山で、公卿の子息が受戒、剃髪して僧となったもの」などを表す、とても尊い言葉だったのです。

それでは、今日は私のかわりに読者の皆様……つまり、この本を読んでいるアナタに「ブリ」をお題として「謎かけ」を考えてもらいます！　え？　そんなことを急にいわれても無理だって？　失礼しました！　これが本当の、「むちゃブリ」でした☆

十二月二十一日【冬至】

この日は他にも「遠距離恋愛の日」や「クロスワードの日」、「回文の日」などに制定されています。

毎年十二月二十一日頃におとずれる「冬至」は、一年中で最も日照時間が短い日です。

この日に「ゆず湯」に入ると風邪をひかずに冬を越せるといわれますが、なぜ「ゆず湯」なのかというと、一説には、「冬至」を「湯治」に、「ゆず」を「融通が利く」にかけているといいます。

「融通」は、一般的に「臨機応変に事を処理すること」の意味として使われる言葉ですが、もとは仏教用語で、「異なった別々のものが融け合って、障りのないこと」、「両方が相まって完全となること」、「森羅万象すべてのものは、異なった別々のものであっても、互いに支えあい、また関連しながら存在していること」という意味がありました。

ちなみに私はこの日に、京都の真言宗総本山・教王護国寺をお参りしたくなります。

だって教王護国寺は、もう一つの名称「東寺」として、古くから親しまれていますからね☆

十二月二十二日【視聴率の日】

一九六二年のこの日、テレビ視聴率調査レポート第一号が発行されたことに由来する記念日です。他にもこの日は「スープの日」などに制定されています。

「見ることと聴くこと」を意味する「視聴」。私たちは日々、身体の様々な器官から情報を感じ取っています。『般若心経』の中には「眼・耳・鼻・舌・身・意」という言葉が出てきますが、これは「六根」と呼ばれる六つの感覚器官（視覚・聴覚・嗅覚・味覚・触覚・考察する心）のことです。仏教では、これらの器官は、私欲や煩悩を引き起こし、悟りの妨げとなるものとされています。たとえば近年、「ルッキズム」と呼ばれる、外見重視主義が引き起こす差別や偏見の問題が注目されていますが、これも、視覚が引き起こす罪のひとつといえるでしょう。だからこそお釈迦様は、仏道に励み、六根を清浄にすることが大切だと説かれたのです。

そして、これは私の予測ですが、生前に六根を清浄にした人は、天寿を全うしたあと、お浄土で仏様から表彰状をいただけるのではないかと考えています。その表彰状とは……？

これが本当の「六根賞状（清浄）」です☆

十二月二十三日【東京タワー完工の日】

この日は「テレホンカードの日」でもあります。現代では携帯電話が主流となりましたが、災害時に公衆電話を使用できるよう、お財布の中に一枚入れておきたいものですネ！

一九五八年のこの日、東京・港区の芝公園内に、総合電波塔・東京タワーが完成しました。その高さは、パリのエッフェル塔よりも十三メートル高い三三三メートルで、当時、世界一の高さを誇るタワーとなりました。現在も、東京のシンボルとして多くの人に愛されています。

ところで、東京タワーのメインデッキ二階には、学業成就や縁結びの御利益をいただける「タワー大神宮」があります。ここは、伊勢神宮よりお招きした天照皇大神様を御祭神とする由緒正しき神社で、株式会社TOKYOTOWERの創立二十年を記念して、一九七七年、東京タワーや来塔者の安全・健康を祈って建立されました。地上から高さ約一五〇メートルに位置するため、東京二十三区では一番高いところにある神社です。それではここで、謎かけをひとつ。「東京タワーの役割」とかけて、「仏教」ととく、そのこころは、どちらも「電波（伝播）」が重要でしょう☆

十二月二十四日【日本劇場が開場した日】

この日は他にも、「アポロ八号が世界初の月周回飛行をした日」（一九六八年）や、「チョコレートの広告が日本ではじめて新聞に載った日」（一八七八年）でもあります。

一九三三年のこの日、東京都千代田区有楽町に「日本劇場」が開場しました。

通称・日劇として愛されたこの劇場は、戦時中も大きな被害を受けることなく、一九八一年、老朽化で閉鎖されるまで、日本興行界のシンボルとして存在しました。

ちなみに、劇場には様々な業界用語が存在しますが、そのなかのひとつに、舞台や花道の床下、地下室を指す「奈落」という言葉があります。これはもともとサンスクリット語の「ナラカ」の音写で、「地獄」や「地獄の罪人」を表す仏教用語でした。舞台の下が地獄だなんて、なんとも恐ろしい表現ですが、実際に舞台の「奈落」は薄暗く、また複雑な舞台装置を具えているため、怪我や事故が起こらぬよう、注意が必要な場所です。

劇場では、日々、演劇をはじめとする様々な公演が行われますが、是非、生の舞台を観に行ってみてください。「観劇」なだけに、「感激」間違い無しですヨ☆

十二月二十五日【クリスマス】

この日は他にも、一八六一年、函館に滞在していたイギリスの探検家、トーマス・ブラキストンが日本で初めてスケートをしたことから「スケートの日」に制定されています。

キリスト教の始祖、イエスは、紀元前、ベツレヘムという街で生まれました。生まれた日については聖書に書かれていないため、クリスマスとはイエスの「誕生日」……ではなく、イエスの「生誕を祝う日」とされています。ではなぜ、この日に祝われるようになったのかというと、もともとこの日はローマにおいて冬至のお祭りが行われていたことに由来します。

クリスマスといえばサンタクロースですが、そのモデルとなったのは、聖・ニコラウスというトルコの司教でした。ニコラウスは貧しい人を助けたり、子どもたちにプレゼントを配ったりしたという言い伝えがあり、それがクリスマスと結びついて、クリスマス・イブのプレゼントの風習となったといわれています。それではここで謎かけをひとつ。「クリスマスツリー」とかけて、「マッサージ」ととく、その心は、どちらも「モミ（揉み）」が肝心です♪

十二月二十六日【徳川家康の誕生日】

この日は他にも、クリスマスプレゼントの箱（BOX）を開ける日＝「ボクシングデー」に制定されています。

一五四二年十二月二十六日、岡崎城で誕生した徳川家康は、幼少期を今川義元の人質として過ごしましたが、桶狭間の戦いで織田信長が今川義元を討ち取ったことをきっかけに、織田信長と同盟を結びました。その後、本能寺の変で織田信長が暗殺されると、豊臣秀吉が天下をとり、豊臣家の大老となりましたが、一六〇〇年、関ヶ原の戦いで豊臣勢を破り、江戸に幕府をひらきました。

家康は、「厭離穢土欣求浄土」を旗印としましたが、これは、この世を穢れたものとして厭い、心から喜んで浄土に生まれようと願う、という仏教の言葉です。家康公は戦乱の世を穢土とし、自らが目指す平和な世を浄土と考え、この教えを旗印としたのでしょう。

また、家康は「我が宝は、我がために命を投げ出す家臣なり」と遺しましたが、天下統一の秘訣は、己の力を「過信」せず、自らの「家臣」を宝として大切にすることだったのですネ☆

十二月二十七日【寒天発祥の日】

京都の伏見が寒天発祥の地であることに由来する記念日です。この日は他にも「浅草仲見世記念日」、「ピーターパンの日」などに制定されています。

寒天の歴史は「ところてん」からはじまります。ところてんは、仏教とともに中国から製法を伝えられましたが、そのところてんから偶然「寒天」が誕生したのは、江戸時代、寒い冬の日のことでした。

あるとき、京都の旅館でところてんが残りました。そこで、旅館の亭主がところてんを外へ出しておいたところ、夜中に凍結し、日中は解凍と乾燥を繰り返しました。その結果、白い乾物が出来上がったため、これでところてんを作ってみたところ、見事に臭みのない、透明のかたまりができたのです。その後、この食べ物は、黄檗宗の宗祖・隠元禅師（四月三日参照）によって、「寒空」や「冬の空」を意味する漢語の「寒天」に、寒晒心太の意味を込めて、寒天と名付けられました。

隠元禅師は、この偶然の歴史もよく考察されて命名されたと考えられます。

さすが、「寒天」なだけに、素晴らしい「観点」ですネ☆

十二月二十八日【身体検査の日】

一八八八年のこの日、当時の文部省が毎年四月にすべての学校で生徒の「活力検査」（身体検査）を実施するよう訓令しました。

近年、仏教界では「仏様の身体検査」が進められています。その驚きの検査方法は「X線CT撮影」です。

CT検査は仏像への負担が少なく、学術的な知見を得ることができ、修復の参考にもなる、画期的なものです。検査によって、仏像の胎内から別の仏像が発見されることもあり、業界内では大変注目されています。

また、オランダでは、二〇一五年、博物館が所有する仏像をCT検査にかけたところ、なんと、中には千年以上前に死亡したと思われる僧侶のミイラが入っていることが分かりました。

仏像は信仰の対象であるため、CT検査をすることに賛否はありますが、そこは、時代と共にアップデートを重ね、柔軟に歩んできた仏教です。きっと、仏様もCTによる身体検査を、これもひとつの「新体験さ（身体検査）♬」とご理解くださっているでしょう☆

十二月二十九日【福の日】

水産練り製品などを製造・販売する株式会社紀文食品によって制定された記念日です。正月行事本来の意味、いわれを知ることで福を招いてもらうことを目的としています。

「福」は仏教において「功徳」、「善」、「価値ある行為」などを意味し、お経では「三福」と呼ばれる三種類の功徳が説かれています。
世福＝慈悲心を持ち、世間における道徳上の善き行いを修すること
戒福＝仏法僧の三宝に帰依し、教団内において守るべき戒律を実行すること
行福＝道を求める心を発して、お経を読み、お浄土へ往生することを願うこと
これらの善業を修すれば、今世・後世、その身を助けるといわれています。
ちなみに、年末は正月準備として餅つきが行われますが、二十九日は「苦」を「つく」という意味から、地域によってはこの日の餅つきを避ける風習があります。しかし、私の一門では、その昔、二十九日に餅つきをしていたそうです。そこで大師匠に理由をお尋ねすると、そのこころを教えてくださいました。
「二十九日に餅つきをすることで、『苦』を『丸め込む』と考えるんや」☆

十二月三十日【蓬莱橋がギネスに認定された日】

この日は他にも「地下鉄記念日」に制定されています。一九二七年のこの日、日本で初めての地下鉄が東京の上野～浅草間で開通しました。

一九九七年のこの日、静岡県島田市の「蓬莱橋」が、世界一の長さを誇る木造歩道橋として、ギネス世界記録に認定されました。もともとは牧之原台地開墾のためにかけられた農業用の橋でしたが、「長い木」は「長生き」という験担ぎになること、また、八九七・四メートルという橋の長さが「厄無し」と語呂合わせできることから、大変縁起の良い橋として親しまれてきました。

橋の名前となっている「蓬莱」とは、中国の伝説で、不老不死の仙人の住む山のことをいいますが、日本では平安時代、僧侶の寛輔が「蓬莱山」とは富士山を指すと述べました。

風情溢れる蓬莱橋は、時代劇をはじめ、映画やドラマのロケ地としても知られていますが、実は撮影の際、役者さんはこの橋を渡ることに少し戸惑うそうです。だって、一般的に「厄無し」は有難いことですが、役者さんにとっては、「役」が無くては仕事になりませんからネ！

十二月三十一日【大晦日】

古典落語『掛け取り』は、大晦日ならではの演目です。年越し準備のあとは寄席で落語を聴きましょう。そうすれば、落語なだけに心を「オチ」つけて新年を迎えられますヨ♪

一年の締めくくり、大晦日。この日は大掃除をはじめ、お正月の準備をして、年越し蕎麦をいただきます。年越し蕎麦の風習は、「長いお蕎麦のように長生きできますように」という願いから、江戸時代に始まりました。

いよいよ年越しが近づくと、「除夜の鐘」とともに心穏やかにそのときを待ちます。「除夜」とは「旧年を除く夜」、つまり、「大晦日の夜」という意味で、除夜の鐘は一般的に百八つとされています。その由来は諸説ありますが、煩悩の数である百八つの鐘をつくことによって、煩悩を打ち払うのです。

鐘の音は、仏様の清らかな声そのものです。その鐘の音を聞きながら一年を振り返ると、自然と「生かされている」という感謝の気持ちが湧いてきて、神仏に掌をあわせたくなりますね。

それではここで、謎かけをひとつ。「大晦日」とかけて、「市町村合併」ととく、そのこころは、新たな「年（都市）」に、期待がいっぱいです☆

あとがき

社長さんも先生もお坊さんも牧師さんも……みんな悩んでいる話のネタ！

「土曜日になると、牧師さんは結構悩むらしいですよ」

十年ほど前、クリスチャンの夫からそのような話を聞きました。キリスト教会では、毎週日曜日に礼拝があるため、牧師さんは「メッセージ」と呼ばれる説教を、前日、つまり土曜日の晩までに考えなければなりません。それが毎週続くので、説教の話題を探すのが一苦労だということでした。

それから数年後、私は牧師さんの気持ちがよく分かりました。というのも、あるとき、私は週一で夕方のラジオ番組を担当することになったのですが、三時間の生放送を一人で進めるとなると、お喋り好きの私ですら、話題に困るようになったのです。そこで、打開策として考えたのが、「今日は何の日？」をテーマに、思い出話をしたり、リスナーさんからメッセージを募集することでした。すると、話題の幅も広がり、私自身も今まであまり接点のなかった分野について積極的に知るようになったのです。

そのような取り組みは、お寺の住職になってからも役立ちました。私は二〇二一年に天台宗道心寺を建立しましたが、こちらでは、毎月三日、十三日、二十三日に、法話と落語を聴ける「縁日寄席」を開催しています。すると、十日に一度のペースで法話をしなければいけないことに加え、毎回来られる常連さんもいらっしゃるため、常に話題を変える必要がでてきました。そこで今度は、

「今日は何の日？」に関連する法話をして、そして最後に落語家らしくオチをつける、というスタイルを考えました。そこから、本書の原点ともなる、「記念日」×「法話」×「落とし噺」という、日めくり仏教小咄が生まれたのです。

そしてあるとき、このような私の法話を聞いた方から、ご感想をいただきました。

「私は会社を経営しているのですが、社員の前で話すことがあっても、タイムリーな話題となると、野球の話しかできなくて……でも、野球を観ない、あまり知らないという社員も多いので、どうしたものかと思っていたのですが、『今日は何の日？』という話題であれば話しやすいですよね。とても参考になりました」。

また、同じようなご感想が、学校の先生やお坊さん仲間からも寄せられるようになりました。そこで、世の中には、日々の話題に困っている人が想像以上に多いということが分かり、書籍としてまとめれば、誰にとっても便利な一冊になると思ったのです。

「かにの日」でボツになったオチ

執筆を始めると、これは想像以上に大変な作業であることが分かりました。なぜなら、書くこと以前に、まずは世の中に存在する膨大な記念日の中から「今日は何の日」のテーマを選び、それに結びつく法話や宗教豆知識を探し、さらに、オチをつけなければなりません。それを三六六日分考えることは至難の業でした。そこで、夫と小学生の息子に協力を依頼し、自分にはない視点や発想を交えながら、原稿の案を練ることにしました。その作業は、出版業界で「産みの苦しみ」と呼ばれる、〝アイデアが湧かない〟という苦しみを伴うこともありましたが、ときには、思わず吹き出してしまうこともありました。

特に思い出深いのが、六月二十二日「かにの日」です。この記念日では、信心深い村娘が蟹に助けられたエピソードを紹介していますが、問題は、そのオチでした。「なかなか良いオチがないな～」と考えていると、長年、寄席の空気を吸いすぎて「スットコドッコイ症候群」を発症していた夫がいったのです。

「では、こんなオチはどうでしょうか？　蟹が村娘を助けてくれたので……『蟹と娘は喜んで、その晩、二人で〝クラブ〟に踊りに行きましたとさ！』」

蟹なだけにクラブ……しかも、その「クラブ」の発音が「クラブ」ではなく、「クラブ」だったことが、大阪弁でいうところの「腹立つわー！」という状態となりました。今でもそのときの会話を思い出すと、腹立たしい笑いが甦ってきます。

このように、一日、一日、どの記念日も、知識や驚き、そして笑いを交えて、落語を一席喋るように、大切に書かせていただきました。落語の高座は目の前のお客様から反応をいただけますが、書籍の場合はそれができないので、是非、この本をお手にとっていただいた皆様は、ＳＮＳにご感想を投稿してください。また、お気に入りの一日や、ご自身のお誕生日のページを撮影して写真を掲載していただくのもＯＫです♪

私にとっての三月十一日は「東日本大震災の日」であり「結婚記念日」

ところで、私にとって毎年三月十一日という日は、特別な日です。三月十一日といえば、多くの人が二〇一一年に発生した「東日本大震災」を思い浮かべるでしょう。ところが実は、私にとって三月十一日は、「東日本大震災の日」であり、「結婚記念日」なのです。

私と夫が出会ったのは二〇一〇年のことで、結婚が決まると、私は、「小さい頃から結婚することが夢だった」という夫に、「それなら、あなたの誕生日に結婚する?」と提案しました。そこで、翌年の夫の誕生日である二〇一一年三月十一日に結婚することになったのです。

その日、私たちは朝から市役所に婚姻届けを提出しましたが、帰宅してしばらくすると、関西でも、船に揺られるような大きな揺れを感じました。そこで急いでテレビをつけると、目の前には数々の衝撃的な映像が映し出され、気が付けば何時間も経っていたのです。

そして翌年、結婚一周年を迎えたときのこと。毎日ブログやSNSで日常生活を発信する私は悩みました。なぜなら、災害によって多くの人が命を奪われたこの日、そして、多くの被災者の方が日常生活を奪われたこの日に、結婚一周年であることや、夫の誕生日であることをいっても良いのかどうか、分からなかったのです。それは、不謹慎なことではないかと頭を悩ませました。

それでも、この日は私たち夫婦にとっての結婚記念日であり、夫の誕生日であるという事実は変わりません。そこでまずは、一番大切にしなければならない物故者への慰霊の気持ち、そして被災された方へのお見舞いをお話してから、このような日に結婚してしまった苦悩や申し訳なさを、ありのままSNSに書いてみました。

すると、意外な反応がありました。それは、私たちと同じように、今日が結婚記念日である、誕生日である、という人達からの声でした。「自分もこの日をどう考えたら良いのか分からなかった」「自分の記念日をお祝いしても許されるのか分からなかった」というのです。そして、そのようなコメントの数々に、今度は、「どんな毎日も、誰かにとっては嬉しい日だったり、悲しい日だったりする」などのコメントが寄せられました。

私はそれらのコメントを見ていくうちに、このような視点は、自らも、そして他者も大切にしながら生きるために必要な心の持ちようかもしれないと思いました。

なぜなら、同じ一日にも、さまざまな歴史があり、表情があり、未来があります。「今日という一日は、他にもこんな日でもあるのだ」と知ることは、自分にとって悲しい日を少し元気にしてくれるかもしれませんし、反対に、自分にとってはバラ色の日でも、世界のどこかで苦しんでいる人に慈しみの心を持てるきっかけになるかもしれません。

記念日を通じて祈りを新たにする人類の知恵

私たちの人生は、一日一日がかけがえのない、大切な、そして特別な日です。仏教では「当たり前」に感謝することが説かれていますが、本書を通して、当たり前の毎日を当たり前と思わず、生かされている命を実感していただければ、このうえない喜びです。

最後に、本書の執筆にあたりご協力をいただきました、東北福祉大学学長の千葉公慈先生、関西学院中学部宗教主事の福島旭牧師先生、そして、尼崎えびす神社の太田垣亘世宮司に、この場を借りて心より感謝申し上げます。また、本書の編集を担当してくださった春秋社編集部の水野柊平氏にも、心より御礼申し上げます。

多くの「記念日」には、人々の祈りや願いが込められています。そして、「記念日」を通じて、またその祈りを新たにすることは、人類の知恵ともいえるでしょう。

このたびは『今日は何の日?まるこの日めくり仏教小咄』をお手にとっていただき、誠に有難うございました。

また、寄席の高座でお会いしましょう！　そのときは、あなたに最高の「笑いの日」をお届けいたします☆

令和六年十二月吉日

露の団姫

露の団姫（つゆのまるこ）

1986年生まれ。上方落語協会所属の落語家。

天台宗道心寺住職。

高校生の頃から落語家と僧侶の二刀流を目指し、18歳で上方落語の露の団四郎へ入門。

その後、二代目・露の五郎兵衛の家で住み込み修業をしてプロの落語家となる。

25歳のときに天台宗で出家。比叡山延暦寺で修行。2021年、兵庫県尼崎市に道心寺を建立。

主な出演はテレビ朝日『ぶっちゃけ寺』、NHK『落語でブッダ』など多数。

主な著書は『お寺を建てる！　まるこの道心寺物語』、『聖♡尼さん』（いずれも春秋社）等。

[公式HP　株式会社 七福神]
https://www.tuyunomaruko.com/

今日は何の日？
まるこの日めくり仏教小咄
2024年12月20日　第1刷発行

著者……露の団姫
発行者……小林公二
発行所……株式会社 春秋社
〒101-0021 東京都千代田区外神田2-18-6
電話 (03) 3255-9611（営業）
(03) 3255-9614（編集）
振替 00180-6-24861
https://www.shunjusha.co.jp/
ブックデザイン……河村　誠
挿画……やさきさとみ
印刷・製本……萩原印刷 株式会社

ISBN978-4-393-13907-3
定価はカバー等に表示してあります　JASRAC　出 2408697-401